Rubens Saraceni

A Magia Divina das Sete Pedras Sagradas

MADRAS®

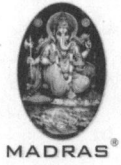

© 2025, Madras Editora Ltda.

Editor:
Wagner Veneziani Costa (*in memoriam*)

Produção e Capa:
Equipe Técnica Madras

Revisão:
Arlete Genari
Sergio Scuoto

Dados Internacionais de Catalogação na Publicação (CIP)
(Câmara Brasileira do Livro, SP, Brasil)

Saraceni, Rubens
A magia divina das sete pedras sagradas/Rubens Saraceni. – São Paulo: Madras, 2025.
5ed.

ISBN 978-85-370-0335-0

1. Magia 2. Pedras sagradas 3. Umbanda (Culto)
I. Título.

08-02329   CDD-299.672

Índices para catálogo sistemático:

1. Pedras sagradas: Rituais: Umbanda: Religiões afro-brasileiras 299.672

Proibida a reprodução total ou parcial desta obra, de qualquer forma ou por qualquer meio eletrônico, mecânico, inclusive por meio de processos xerográficos, incluindo ainda o uso da internet, sem a permissão expressa da Madras Editora, na pessoa de seu editor (Lei nº 9.610, de 19.2.98).

Todos os direitos desta edição reservados pela

MADRAS EDITORA LTDA.
Rua Paulo Gonçalves, 88 – Santana
CEP: 02403-020 – São Paulo/SP
Tel.: (11) 2281-5555 – (11) 98128-7754
www.madras.com.br

Índice

Apresentação 7
Introdução 15
Magia Divina das Sete Pedras Sagradas 19
As Dimensões da Vida no Planeta Terra 25
Os Tronos Energéticos 33
O que é Um Trono Energético 37
    Geometria da Luz 42
    As Funções dos Tronos Energéticos 43
    A Atuação dos Tronos Energéticos nas Magias Religiosas 44
    Tronos Energéticos na Magia Pura 44
As Sete Energias Elementais 47
A Magia dos Tronos de Deus 57
As Hierarquias Divinas 63
Os Domínios 69
Portais Minerais 75
Os Campos Naturais das Pedras 81
Os Minerais e o Espírito Humano 117
Os Espaços Mágicos Minerais 121
    Espaço mágico triangular 124
    Espaço mágico em cruz ou cruzado 125
    Espaço mágico pentagonal 125

Espaço mágico hexagonal 125
Espaço mágico heptagonal 125
Espaço mágico octagonal 126
Espaço mágico espiralado 126
Espaços Mágicos Fechados 129
Ativação dos Espaços Mágicos 141
Conclusão 153

Apresentação

Este livro, denominado *A Magia Divina das Sete Pedras Sagradas*, foi preparado para introduzir, no cotidiano das pessoas, práticas mágicas com o uso de pedras e minérios, que já vêm sendo usados desde tempos imemoriais com muitas finalidades, entre elas as magísticas.

Aqui, se recorremos a alguns conceitos de cunho científico, o fazemos unicamente para tornar compreensível certas afirmações relacionadas a ações magísticas que ocorrem em níveis etéreos da criação, ainda que nem sempre cumpram a contento porque se limitam ao lado material da vida, e a magia apenas se serve dos elementos materiais como meio entre o lado material e o espiritual.

Nem tudo o que acontece no lado etérico da vida pode ser comparado porque não temos referenciais materiais adequados; além disso, muitos inexistem.

Como tudo o que se relaciona a Deus e aos seus mistérios depende da fé, a magia é um ato de fé no poder divino, que, se corretamente ativado e direcionado, irá beneficiar o espírito das pessoas que a ela recorrem.

Em tudo relacionado à fé é indispensável a presença de Deus, porque sem Ele nada é possível.

Toda magia tem que estar fundamentada em Deus, nos seus mistérios divinos e em Divindades manifestadoras dos seus poderes realizadores.

Uma pessoa, ao ser iniciada em uma Magia Divina, na verdade está iniciando-se perante Deus e assumindo o compromisso de utilizar aqui na Terra determinados elementos condensadores-transmutadores-irradiadores das vibrações divinas e tem por dever direcioná-los para ações positivas.

A Magia Divina ensinada por mim e pelos meus discípulos está alicerçada nessa afirmação que fiz anteriormente.

Para que entendam o que é iniciar-se na Magia Divina, coloco a seguir um diálogo travado com o meu mestre espiritual e meu "mago iniciador", fato esse que ocorreu há muitos anos.

Certo dia, eu estava meditando diante do meu altar e percebi a aproximação de um espírito já conhecido meu, um mentor espiritual que, à guisa de cumprimentos, falou-me por meio da comunicação telepática:

— Como vai, meu filho? Está preparado para iniciar sua missão perante Deus e os nossos irmãos encarnados, ou não?

— Que missão é essa, meu pai?

— Antes de você reencarnar, tanto foi preparado quanto se preparou para iniciar no plano material uma magia unicamente voltada para a prática do bem por meio dos mistérios do nosso Divino Criador, o senhor Deus.

Ela se fundamentará na Magia Divina, que é regida pela Lei Maior e pela Justiça Divina, e não traz em seu bojo qualquer prática negativa ou nociva, ambas condenáveis aos olhos do nosso Divino Criador.

— Meu pai, o que sei sobre magia é só o que li em livros que a abordam e o que já aprendi dentro da minha religião atual, a Umbanda.

— Você já tem nessa sua curta passagem terrena o básico para entender o que é magia. Mas não deve esquecer-se de que em sua memória imortal estão arquivados conhecimentos ainda não disponíveis no plano material da vida.

— Ainda assim, para iniciar aqui uma magia, eu teria que ter passado por iniciações com outro iniciado nela, não?

— É isso mesmo. Mas, como não há ninguém que possa iniciá-lo nas magias que deverá abrir, mestres espirituais de Magia Divina o instruirão e o apresentarão perante Deus e suas Divindades e guardiãs dos mistérios divinos, muitas delas presentes na sua atual religião, mas que têm passado despercebidas pelos umbandistas, que ainda não notaram que, por trás do simbolismo umbandista, estão presentes muitos mistérios do nosso Divino Criador.

— Meu pai, eles são espíritos!

— Qual é o problema, se você também é um espírito? Ou você acredita que só porque será apresentado a Deus por espíritos mestres de Magia Divina, suas iniciações não serão válidas?

Saiba que sua iniciação exigirá que cumpra determinados preceitos que lhe serão transmitidos por eles, aos quais não poderá se furtar ou não cumprir porque, por serem espíritos e estarem acompanhando-o o tempo todo, saberão se você estará cumprindo-os ou não.

Apresentação

E, quanto aos seus apresentadores, tanto quanto qualquer mestre iniciador, são reconhecidos por Deus como habilitados para tanto, ou você crê que, só por estarem vivendo no plano espiritual não serão reconhecidos como aptos a apresentá-lo?

— Eu poderei ser questionado por outros iniciadores de magia encarnados, meu pai!

— Filho, até onde sei, iniciador de magia e iniciador de pessoas são duas coisas diferentes.

Iniciar uma magia é abrir às pessoas uma nova forma de trabalhar, e iniciar pessoas é introduzi-las em uma prática já existente.

Para iniciar-se uma nova magia no plano material ou no espiritual, só se o seu iniciador tiver a aprovação de Deus e dos senhores regentes e guardiões dos mistérios divinos. Aprovações estas que você possui porque elas estão impressas no teu corpo divino e projetam-se através do teu espírito, toda vez que você se ajoelha para orar a Deus e aos sagrados Orixás diante do seu altar.

Isto está muito visível para nós, que temos a visão dos espíritos. Mas, além do que trazes em teu corpo divino e que está à flor do teu perispírito, para nós há a cobrança dos senhores guardiões divinos que estão solicitando-nos que a missão se inicie e o compromisso assumido por você seja cumprido.

Nunca se esqueça de que iniciar uma Magia Divina é abrir às pessoas uma nova forma de trabalhar-se magisticamente com os eternos e imutáveis mistérios do nosso Divino Criador.

Quanto ao ato de iniciar pessoas, ele está precisando ser mais bem explicado porque um mago iniciador de pessoas é, na verdade, um instrutor que diz às pessoas como devem proceder para que possam receber de Deus e das suas Divindades suas imantações e vibrações vivas e divinas que penetrarão no espírito do iniciando e, de corpo em corpo, alcançarão o corpo divino dele, no qual entrarão como chaves e abrirão nesse corpo divino o mistério perante o qual está sendo iniciado.

Como o corpo divino é a morada de Deus no íntimo de cada um, uma iniciação só é verdadeira se o iniciando receber das Divindades regentes dos mistérios divinos suas imantações e vibrações também divinas, que penetrarão no espírito do iniciando. Como chaves-mestras, abrirão no corpo divino um meio ou portal, através do qual o poder de Deus fluirá durante as ações mágicas do iniciando e alcançarão as pessoas que ele vier a auxiliar com a Magia Divina, perante a qual está iniciando-se.

Na verdade, um mago iniciador de pessoas é só um instrutor, um condutor da cerimônia iniciatória e um apresentador do iniciando a Deus e às Divindades regentes do mistério perante o qual o neófito está iniciando-se.

Filho, os únicos e verdadeiros iniciadores, de fato e em verdade, são Deus e suas Divindades regentes dos seus mistérios divinos.
Compreendestes?

— Sim, senhor. Mas ainda que agora eu saiba disso, serei questionado.

— Filho, caso venhas a ser questionado, diga apenas que quem o iniciou foi Deus e os senhores regentes dos mistérios divinos, e que quem o instruiu, conduziu-o e o apresentou a eles fomos nós, os teus mestres iniciadores espirituais.

— E se eles não acreditarem?

— Todos os iniciadores de novas magias ou religiões também foram questionados aos seus tempos e todos foram perseguidos pelos seus adversários, todos eles defensores de outras magias ou de outras religiões, na maioria das vezes já arcaicas ou inaceitáveis por um grande número de pessoas.

Com você acontecerá o mesmo e não adiantará nada perder seu tempo com quem vier a contestá-lo e à magia que abrirás. Dedique seu tempo e suas energias para aqueles que confiarem em você e nela.

Quanto aos seus adversários e críticos, se você observá-los bem, encontrará entre eles apenas invejosos e soberbos que não aceitam perder o domínio sobre as pessoas tidas por eles como seus "escravos encarnados". Também surgirão os que serão confrontados em seus interesses pessoais por você e sua magia, pois verão em ambos concorrentes perigosos e prejudiciais aos seus interesses mesquinhos e oportunistas.

— Como deverei proceder diante dessas pessoas que entrarão de forma negativa em minha vida porque verão em mim um inimigo?

— Nunca se precipite e dê tempo ao tempo, porque muitas delas descobrirão que o verdadeiro inimigo está no íntimo delas, que não se concediam a tolerância com o que desconhecem. E muitas dessas pessoas acabarão reconhecendo que a "sua" Magia Divina é mais um bem colocado por Deus ao alcance deles também.

Agora, quanto aos que questionarem sua outorga para iniciar uma nova forma de praticar a Magia Divina, responda-lhes com um outro questionamento.

— Que questionamento é esse, meu pai?

— Pergunte-lhes se sabem quem foi que "iniciou" o iluminado Sidharta Gautama;

Quem "iniciou" o divino mestre Jesus;

Quem "iniciou" o excelso guardião espiritual dos mistérios divinos, conhecido por você como profeta Maomé;

Quem "iniciou" o mensageiro dos espíritos conhecido por você como Allan Kardec;

Apresentação

Quem "iniciou" o iluminado mensageiro dos orixás conhecido por você como pai Zélio Fernandino de Moraes?
Sidharta Gautama fundou o Budismo,
Jesus Cristo fundou o Cristianismo,
O profeta Maomé fundou o Islamismo,
Allan Kardec fundou o Espiritismo,
Zélio Fernandino de Morais fundou a Umbanda, e nenhum deles foi "iniciado" por pessoas, e sim, inspirados por Deus, este sim, o verdadeiro iniciador deles... e de todos nós!

Cada um desses luminares da humanidade (e todos os outros que se destacaram em outras áreas das atividades humanas) foram renovadores do que existia no tempo deles. Você renovará as práticas mágicas. Só isso você fará.

— Eu tenho esse compromisso, não?
— Você o assumiu antes de encarnar, meu filho.
— Bem, se é assim, que seja o que Deus quiser!
— Persevere e assim será.

Encerramos nossa conversa telepática e fiquei refletindo sobre tudo, mas principalmente sobre o fato de nenhum dos homens santos citados por ele terem tido iniciadores terrenos, mas terem se tornado os maiores condutores-direcionadores da fé e da religiosidade dos seres humanos.

Após algum tempo refletindo, cheguei à conclusão de que, se eu quisesse chegar ao coração e à mente das pessoas e atraí-las para o estudo prático da magia, eu teria que "revolucionar" tudo o que até então existia e que havia isolado e lançado no ostracismo do misticismo e das simpatias dos poderosos procedimentos mágicos já antiquíssimos.

Daí, dessa minha conclusão, em 1999 iniciei o ensino da "Magia Divina" com a "Magia das Sete Chamas Sagradas".

Ela se mostrou poderosíssima, simples, prática e podia ser praticada por todas as pessoas, independentemente de suas crenças religiosas, do sexo, da profissão, do grau de escolaridade e da sua posição social.

Com suas práticas mágicas e com seus conhecimentos livres de qualquer "erudicionismo" acadêmico, ela se mostrou uma "magia popular" capaz de atrair a todos que quisessem aprendê-la para tornar-se menos dependentes dos outros e lidarem com problemas de fundo espiritual ou magístico.

O retorno foi tão positivo com a Magia das Sete Chamas Sagradas, que no final do ano 2000 os mestres espirituais autorizaram a abertura do ensino da Magia Divina das Sete Pedras Sagradas e, logo a seguir, a Magia Divina das Sete Ervas Sagradas.

Com elas fundamentadas em uma classe de divindades descrita na Bíblia Sagrada como uma das classes de anjos, e que são os Tronos de Deus, as divindades responsáveis pela manutenção do equilíbrio dos meios (reinos, domínios, dimensões e os planos da vida) e pelos estágios evolucionistas dos seres.

O poder realizador deles tanto pode ser ativado mental quanto elementalmente e flui do plano divino para o natural e o espiritual ao mesmo tempo.

Com isso, são realizadores e de fácil ativação e direcionamento.

Mas com um diferencial: diferentemente da maioria dos outros poderes ativados magisticamente (seres da natureza e espíritos), os Tronos não são passíveis de ativações negativas ou que prejudiquem pessoas. Eles são ativados só positivamente e em momento algum alguém consegue "virá-los" ou "aprisioná-los" com procedimentos magísticos negativos.

Com isso, as magias que estavam sendo abertas ficavam preservadas da ação negativa de pessoas de má índole ou vítimas de sentimentos negativos, tais como o ódio, a inveja, o desejo de vingança, etc.

A ação dos Tronos de Deus é invariavelmente a mesma: recolhem tudo o que for negativo e estiver atuando contra uma pessoa ou o seu lar e envia-lhes, através de suas vibrações divinas, as energias e o magnetismo que as reequilibram e que regeneram seus espíritos.

Então, minha maior preocupação e temor se diluíram e "peguei gosto" por dar aulas de magia.

Os retornos trazidos pelos seus primeiros praticantes, que começaram a auxiliar pessoas com gravíssimos problemas de fundo espiritual ou vítimas de tenebrosas "magias negativas", nunca mais pararam de acontecer. Hoje, já com 15 graus dos seus 21, já abertos, temos milhares de pessoas (instruídas, conduzidas e apresentadas por mim) praticando-a e beneficiando pessoas.

Com muitos dos primeiros iniciados na Magia Divina já "iniciando" mais pessoas, acredito que uma intensa renovação está acontecendo no meio mágico.

Bem o disse o espírito que se comunicou comigo: "Persevere, meu filho, pois só os perseverantes conseguem cumprir suas missões e concretizar vontades divinas, emanadas pelo nosso Divino Criador e trazidas até nós pelos espíritos mensageiros que volta e meia nos relembram dos nossos compromissos assumidos quando ainda vivíamos no outro 'lado' da vida".

Neste livro, o leitor não encontrará nada de novo em magia, mas sim a verá renovada e colocada ao alcance de todos que, movidos por bons sentimentos, queiram iniciar-se perante Deus e, de posse de um conhecimento simples mas eficiente, poder ajudar-se e aos seus semelhantes.

Apresentação

Aqui, deixaremos à disposição dos nossos leitores a possibilidade de ativarem alguns espaços mágicos minerais em benefício próprio.

Só não recomendamos que os ative para outras pessoas, porque trabalhar com a Magia das Pedras os problemas alheios exige uma preparação, um aprendizado e a outorga dos regentes e guardiões dos mistérios divinos, além, é claro, da sua iniciação perante Deus, conduzida por um mago que já tenha se iniciado antes perante Ele.

Introdução

Aqui, neste livro, o tempo todo estamos comentando unicamente o lado etéreo das rochas e dos minerais e o uso magístico deles. As poucas abordagens de fundo material ou científico só foram feitas para uma melhor compreensão das propriedades mágicas e terapêuticas delas.

As pedras preciosas, as semipreciosas e as ornamentais são belíssimas e atraem a atenção de quem olha para elas, causando admiração em uns, alegria em outros e a inveja ou a ambição em outros mais.

Na joalheria, as pedras são o artigo principal a ser explorado, pois são elas que embelezam os ornamentos feitos de ouro ou de prata.

Desde eras remotas as pedras atraem a atenção das pessoas, e a posse delas, quando valiosíssimas, tem levado a discórdia às famílias ou aos mercadores.

A posse de minas de diamantes, de esmeraldas, de rubis, etc., tem levado a guerras, principalmente se elas estiverem localizadas nas fronteiras de países.

O mercado de pedras preciosas é mundial, e milhões de pessoas tiram o seu sustento delas, seja lapidando-as, garimpando-as ou comercializando-as.

Não são poucas as grandes fortunas formadas a partir da exploração de garimpos riquíssimos, fazendo surgir da noite para o dia novos milionários.

As pedras mais seletas são comercializadas por verdadeiros cartéis, cujos controladores intervêm quando os preços estão em queda, retirando-as do mercado ou desovando-as quando estão muito valorizados, evitando com isso que elas percam suas "preciosidades" ou impedindo que se tornem inacessíveis aos seus apreciadores ou colecionadores.

Assim, o mercado mundial de pedras preciosas subsiste desde tempos imemoriais e tem abastecido as classes mais ricas ou nobres com seus belíssimos e valiosos produtos.

Agora, aqui neste livro, o que nos interessa é o uso mágico e terapêutico das pedras, pois desde tempos imemoriais elas são usadas como amuletos, talismãs, pantáculos, ornamentos sacerdotais ou como fonte de poderes nem sempre comprováveis ou possível de serem comprovados.

Mas todo Mago tem suas pedras mágicas ou pedras de poder às quais recorre com frequência durante seus ritos de magia, usando-as como auxiliares energéticos ou elementos mágicos materiais, capazes de realizarem certas ações específicas.

No passado, alquimistas e curandeiros usavam certas espécies de minerais, às quais pilavam e ministravam aos seus pacientes, dando origem a uma indústria química poderosa.

Já benzedores e sacerdotes no passado as recomendavam como antídotos à inveja, ao mau-olhado, à cobiça, à discórdia, à paixão, à ira, etc., ou as recomendavam como protetoras, harmonizadoras, afastadoras de maus espíritos, de íncubos e súcubos, de entes infernais, etc.

Já os Magos, estes as usavam, e ainda usam, como poderosos irradiadores de energias, capazes de anular muitas magias negativas.

Muitos as usam e as ativam energeticamente para proteção de lares, de estabelecimentos comerciais, de templos ou mesmo de pessoas; essas ativações são limitadas a campos comuns a quantos aprenderem a ativá-las.

Mas saibam que essas ativações energéticas são mentais e não mágicas, pois toda ativação mágica só acontece se for feita segundo ritos bem precisos e aceitos como fundamentais, corretos e regidos pela Lei Maior e pela Justiça Divina de Deus, o doador primeiro de todo e qualquer poder mágico, poder este que Ele distribuiu às suas divindades, às quais confiou a guarda do mistério que cada pedra encerra em si mesma assim que é formada pelos processos naturais.

Logo, pedras artificiais não são capazes de condensar uma ordem mágica e de fazê-la durar no tempo e de expandir-se no espaço desejado pelo Mago, limitando-se à duração de um fogo fátuo ou de artifício.

Com isso explicado, então não se preocupem se uma pedra estiver em estado bruto ou se tiver sido polida e lapidada, pois o que importa é que seja uma pedra natural.

Sim, uma pedra natural tem seu magnetismo próprio e permanente; tem sua forma inalterável de irradiar-se; alimenta-se de certos tipos de fatores, de essências, de elementos e de energias.

Cada uma é um universo em si e é um portal para outras dimensões da vida, inimagináveis pelas pessoas, muitas imbuídas da crença de que o espírito humano é o único ser pensante criado por Deus e o único beneficiário da natureza terrestre.

Saibam que este nosso abençoado planeta, em sua constituição física, é um portal natural para outras dimensões da vida, muito mais populosas que nossa dimensão humana em seus dois lados: o espiritual e o material.

Saibam que, a partir da natureza terrestre, constituída por fogo, ar, água, terra, minerais, cristais e vegetais, existem portais naturais para as sete dimensões elementais básicas; para as 33 dimensões duais; para as 49 dimensões encantadas; para as 63 dimensões energéticas e para as 77 dimensões naturais.

As sete dimensões elementais estão na base da criação deste nosso planeta e, já em nível vibratório natural, nós as temos à nossa volta, tais como os vegetais, as águas, a terra, o ar, o fogo, os minerais e os cristais. Sendo que esses dois últimos elementos são originados a partir das erupções vulcânicas, quando o magma, ao resfriar-se na superfície ou abaixo dela, faz surgirem os mais variados minerais, aos quais abordaremos neste nosso livro de *Magia Divina das Sete Pedras Sagradas*.

Magia Divina das Sete Pedras Sagradas

Usamos a expressão "Sete Pedras Sagradas" para nomearmos os sete princípios criadores que, por analogia, nos minerais são os responsáveis pelo surgimento dos minérios e das rochas.

Esses sete princípios encontram correspondência com as sete formas de crescimento estudadas na gemologia e na cristalografia.

Eles são denominados desta forma:

- Cúbico
- Tetragonal
- Hexagonal
- Ortorrômbico
- Triclínico
- Monoclínico
- Trigonal

São sete formas de crescimento, nas quais os átomos se ligam criando estruturas reticulares, retedoras ou refletidoras da luz, estruturas estas que dão forma, brilho, cor, etc. às rochas e aos minérios.

É claro que não vamos descrever aqui as propriedades físicas e morfológicas dos minerais porque nosso objetivo é magístico e destina-se à fundamentação da Magia Divina das Sete Pedras Sagradas, conhecimento este que abre infinitas possibilidades de trabalhos mágicos, terapêuticos e espirituais.

Recomendamos a quem aprecie os minerais que os estude em cursos específicos, e com essa proposta ou adquiram livros científicos que os abordem a partir de suas propriedades físicas, químicas, óticas, etc.

Só abordamos suas sete formas de crescimento para, a partir da matéria e por comparação, descrevermos princípios criadores-geradores que, se devidamente compreendidos, facilitam o nosso entendimento dos poderes magísticos-terapêuticos dos minerais.

É certo que essas sete formas de crescimento não existem por si mesmas e fazem parte de algo imensurável e divino, que são os princípios criadores-geradores de Deus, o nosso Divino Criador.

Afirmar que o acaso deu origem aos arranjos atômicos que geraram essas sete estruturas de crescimento dos minerais é algo temerário, porque o acaso não geraria algo tão complexo e tão estável quanto uma rocha que, após ser formada, dura milhões de anos se for bem conservada.

Essas sete formas de crescimento mantêm correspondência analógica com o Setenário Sagrado, que são os sete dias da criação, os sete raios sagrados, os sete chacras principais, os sete sentidos, os sete nomes de Deus, os sete princípios criadores-geradores, as sete horas mágicas sagradas, os sete ciclos da criação, os sete planos da criação, as sete cores, as sete luzes, as sete forças construtoras na obra divina, etc.

O Setenário Sagrado encerra em si as sete chaves-mestras de Deus e de Sua infinita e eterna Criação, pois a cosmologia nos revela que, desde a criação da primeira estrela, até hoje, elas continuam sendo geradas.

— Desde a criação do primeiro planeta, até hoje, eles continuam a ser gerados.

— Desde a criação da primeira forma de vida, até hoje, novas formas continuam a ser geradas.

Muitas leis, propriedades e princípios criadores-geradores materiais já foram descobertos, identificados, estudados e catalogados, criando um vasto campo de aplicações científicas, ajudando a humanidade na sua eterna evolução.

Mesmo Deus já foi muito estudado, e cada vez mais descobrimos que sem Sua existência nada existiria.

Muitos buscam uma constatação concreta e palpável de Sua existência e acabam num beco sem saída, porque nenhum dos seus princípios ou leis é concreto e palpável, e sim, são desencadeadores e ordenadores de ações que, sem a existência do seu princípio criador-gerador e sem a de suas leis reguladoras, nada se criaria ou se sustentaria e o caos ainda reinaria no corpo concreto e palpável de Deus, que é o Universo, organizadíssimo desde a sua unidade básica (o átomo) até suas macrocósmicas constelações.

A organização da criação se mostra em um átomo com sua estrutura que sustenta os prótons, os nêutrons e os elétrons, assim como as subpartículas atômicas que, ao organizarem-se por meio de princípios e leis estáveis, geram os átomos que, por sua vez na cristalografia, possuem sete formas ou modos de se ligarem e construírem as sete formas de crescimento reticular dos minerais.

O Setenário Sagrado aplicado aos minerais nos forneceu o nome desta magia "das Sete Pedras Sagradas".

Aqui, não nos referimos a sete espécies de rochas ou de minérios, e sim, aos sete princípios criadores-geradores estáveis criados por Deus e que, desde o primeiro instante da criação, nunca mais deixaram de criar e gerar, sempre regulados por leis estáveis e imutáveis, que têm dado sustentação e organizado desde a agregação das micropartículas subatômicas até as colossais constelações, também infinitas e incontáveis.

As rochas e os minerais estão distribuídos entre essas sete estruturas reticulares e cada uma delas deu origem a várias espécies de minerais, já classificadas pela Geologia, Gemologia e Mineralogia.

Como temos sete estruturas criadoras-geradoras minerais encontradas na natureza terrestre, nós as associamos aos sete princípios criadores-geradores divinos e, a partir daí, temos toda uma base discursiva que permite fundamentar o uso dos minerais em geral como elementos mágicos usados de várias formas, tanto em trabalhos práticos de magia quanto em tratamentos terapêuticos.

Quando optamos por denominar a magia dos minerais como "Magia Divina das Sete Pedras Sagradas" foi porque os sete princípios criadores, que são sete estruturas criadoras-geradoras, eram encontrados nelas, que são abundantes no nosso planeta.

Cada uma das sete "pedras" simboliza um dos sentidos da vida e poderia, por analogia, ser associada a eles por meio das cores.

Com isso decidido tudo ficou mais fácil, ainda que saibamos que as cores têm a ver com a composição gemológica delas.

Assim, temos isto:

- Pedras de quartzo transparente simbolizam a fé, porque esta tem que ser pura, límpida e transparente.
- Pedras verdes simbolizam o conhecimento.
- Pedras rosas simbolizam o amor.
- Pedras vermelhas simbolizam a justiça.

- Pedras azul-escuro simbolizam a lei.
- Pedras violetas simbolizam a evolução.
- Pedras azul-claro simbolizam a geração.

A variação de cor para mais ou menos forte pode reclassificar uma pedra e colocá-la em outro sentido.

Como estamos tratando de "Magia das Pedras", compete ao mago avaliar as cores das suas "pedras de trabalho".

Mas, para cada sentido existe a bipolaridade e, por isso, temos outras cores associadas a eles, tais como:

- Sentido da fé: quartzo fumê, quartzo rutilado, ágata fumê, olho-de-gato; olho-de-tigre, axinita, fluorita, etc.
- Sentido do amor: ametrino, opala, âmbar, ametista, quartzo rosa, etc.
- Sentido do conhecimento: esmeralda, madeira fossilizada, calcedônia, crisopásio, jade, peridoto, amazonita, malaquita, diopsídio, dioptásio, etc.
- Sentido da justiça: ágata, topázio imperial, jaspe, pirita, esfarelita, etc.
- Sentido da lei: rubi, citrino, hematita, lápis-lazúli, sodalita, brasilianita, apatita, cianita, etc.
- Sentido da evolução: turmalina rosa, rubelita, etc.

No livro de nossa autoria, *Gênese Divina de Umbanda Sagrada*,[*] comentamos mais profundamente sobre os sentidos da vida, suas regências, seus fatores, fundamentos, suas funções na criação e suas associações com os quatro elementos básicos (água-terra-ar-fogo) e com os três derivados deles (cristal-mineral-vegetal).

Os quatro elementos naturais básicos, fundindo-se, misturando-se ou associando-se criam as condições para que princípios criadores-geradores façam surgir os cristais, os minerais e os vegetais e, aí, com os sete elementos formadores da natureza associados em proporções específicas criam os meios adequados para a vida.

Isso foi o que aconteceu com o nosso planeta Terra, que demorou bilhões de anos para tornar-se um meio adequado para as espécies de vida hoje existentes. Mas, se um dos quatro elementos básicos entrar em desequilíbrio, o meio se tornará inadequado para a maioria delas. E, se dois elementos entrarem em desequilíbrio, aí praticamente todas serão extintas e o nosso belo e fértil planeta se tornará estéril e inadequado para a vida.

---

*N.E.: Lançado pela Madras Editora.

A nossa classificação dos sete sentidos da vida foram estudados à exaustão e mostra-se como um modelo lógico para entendermos Deus, suas divindades, a natureza, os seres naturais, o plano espiritual e os espíritos, assim como tudo que quisermos estudar, bastando adotarmos a comparação analógica.

Esse modelo, apoiado em sete princípios criadores-geradores, levou-nos ao Setenário Sagrado e, a partir daí, as muitas magias realizadas com minérios e rochas foram englobadas em uma só, com sua forma específica de ser praticada.

Então temos isto, entre outros:

- Sete princípios geradores-criadores.
- Sete sentidos da vida.
- Sete pedras sagradas.
- Sete regências divinas.
- Sete mistérios divinos.
- Sete estruturas de crescimento dos minerais.
- Sete minérios sagrados.
- Sete padrões energéticos elementais.
- Sete magnetismos.
- Sete vibrações.
- Sete cores (ou comprimentos de ondas).

Sempre o Setenário Sagrado!

As Dimensões da Vida no Planeta Terra

Usamos a palavra dimensão como sinônimo de realidades diferentes da material e pertencentes aos lados espiritual e natural da vida. Sabemos que em Geometria, dimensão é sinônimo de altura, largura e comprimento, mas não é com esse propósito que recorremos a esta palavra. Comparem o sentido que aqui a palavra dimensão assume com o significado de universos paralelos ao material.

Ao contrário do que muitos acreditam, a vida nesse nosso abençoado planeta não se limita só à dimensão humana em seus dois lados: o espiritual e o material.

O nosso planeta é multidimensional e obedece a vontade de Deus em relação às Suas criações divinas.

Cada dimensão localiza-se em um grau vibratório paralelo com as outras e cada uma tem um grau magnético e vibratório só seu que a mantém isolada de todas as outras, pois só assim os seres que as habitam evoluem segundo a dinâmica evolutiva e consciencial próprias de cada uma delas.

Mas existem vórtices energéticos que são verdadeiros portais de acesso a elas e são usados com frequência por seres que velam pelo equilíbrio magnético, vibratório e energético entre elas.

Esses vórtices são passagens multidimensionais e são guardados por seres conhecidos como Tronos Energéticos.

Mas, em verdade, cada elemento condensado como matéria aqui no plano físico é uma passagem natural para as outras dimensões planetárias.

O nosso planeta Terra começa a partir das suas sete dimensões elementais básicas, as quais dão sustentação energética a todas as outras, pertencentes a outros planos da vida.

Em outras de nossas obras já citamos os sete planos da vida, mas vamos repeti-los aqui para que se situem acerca desse mistério da criação divina:

1º Plano da Vida: Plano composto por energias vivas conhecidas como energias fatorais, capazes de gerar algo quando suas partes se fundem. São energias geradoras e umas geram sentimentos de fé em quem as absorver. Já outras geram sentimentos de amor em quem as absorver.

Para nós interessam sete tipos dessas energias, que as denominamos assim:

- Energias Fatorais da Fé (Cristalinas)

- Energias Fatorais do Amor (Minerais)

- Energias Fatorais do Conhecimento (Vegetais)

- Energias Fatorais da Justiça Divina (Ígneas)

- Energias Fatorais da Lei Maior (Eólicas)

- Energias Fatorais da Evolução (Telúricas)

- Energias Fatorais da Criatividade (Aquáticas)

Por meio de vórtices especiais, esse *1º Plano da Vida* envia num fluxo contínuo as suas energias fatoriais para todos os subsequentes planos da vida, fazendo com que até o nosso plano material seja saturado delas, pois só assim a vida, em seu sentido mais amplo, subsiste aqui e multiplica-se o tempo todo.

2º Plano da Vida: Plano composto por essências, que são energias resultantes da fusão energética de fatores.

Um fator é uma qualidade divina em si mesmo, e a fusão de suas partes dá origem às essências e a todas as energias essenciais.

Já as essências, geradas em abundância no *2º Plano da Vida*, destinam-se a alimentar energeticamente tudo o que foi gerado a partir da fusão dos fatores, a nós inclusive.

Assim, uma energia fatoral é uma qualidade em si e é uma energia viva pura.

Já uma essência, ela é um composto energético resultante da fusão de várias energias fatoriais.

Uma essência tem em sua composição uma energia fatoral predominante e muitas outras que são secundárias porque participam em menor quantidade na formação dela.

Com isso entendido, então, para nós, as sete energias essenciais são estas:

- Energia Essencial da Fé

- Energia Essencial do Amor

- Energia Essencial do Raciocínio

- Energia Essencial do Equilíbrio ou da Razão

- Energia Essencial da Consciência

- Energia Essencial do Saber ou da Transmutação

- Energia Essencial da Geração ou da Criatividade

O *2º Plano da Vida* gera energias essenciais o tempo todo e as envia aos outros planos da vida.

As que são enviadas de volta ao *1º Plano da Vida* e que é anterior, nele elas são "fracionadas", voltando a ser energias fatoriais. Já as que são enviadas aos planos posteriores, neles são fundidas e adaptadas às necessidades energéticas deles e das espécies que abrigam.

Esses dois primeiros planos da vida são comuns a toda a criação divina, e todos os planetas ou estrelas desse nosso universo são ligados no lado espiritual a eles por vórtices energéticos específicos a cada um, onde, num fluxo contínuo, mas de dupla direção ou dupla corrente energética, alimentam-se mutuamente.

Não existem dois planetas ou duas estrelas que sejam exatamente iguais em suas composições, assim como não existem dois com o mesmo grau vibratório magnético ou energético, ou mesmo, gravitacional.

Deus é o Único a criar, e tudo o que Cria é único e é diferenciado entre tantos outros semelhantes, mas não iguais!

• As pessoas são semelhantes, mas não são iguais.

• As estrelas são semelhantes, mas não são iguais.

• Os planetas são semelhantes, mas não são iguais.

Dentro de uma mesma espécie as diferenças são visíveis aos bons observadores. E se assim é, é porque tudo o que não é gerado no mesmo instante não é igual e não tem a mesma natureza, o mesmo "espírito", a mesma "alma" e a mesma composição energética.

Então chegamos ao *3º Plano da Vida* ou Plano Elemental.

Todos os planetas têm seu *3º Plano da Vida* ou Plano Básico, sendo que cada um tem o seu número de dimensões, nas quais vivem seres adaptados a elas pelo nosso Divino Criador.

O nosso planeta Terra tem sete dimensões elementais básicas na sua formação energética, que são estas:

• Dimensão Elemental Cristalina

• Dimensão Elemental Mineral

• Dimensão Elemental Vegetal

• Dimensão Elemental Ígnea

• Dimensão Elemental Eólica

• Dimensão Elemental Telúrica

• Dimensão Elemental Aquática

Os seres que vivem nessas dimensões elementais básicas desenvolvem a capacidade de gerar energias e de irradiá-las. Por isso são denominados seres elementais (de elemento).

- Uns irradiam energias cristalinas (de cristal)
- Outros irradiam energias minerais (de minérios)
- Outros irradiam energias vegetais (de vegetal)
- Outros irradiam energias ígneas (de fogo)
- Outros irradiam energias eólicas (de ar)
- Outros irradiam energias telúricas (de terra)
- Outros irradiam energias aquáticas (de água)

Essas energias geradas e irradiadas pelos seres elementais e são associadas aos sete sentidos da vida, que são:

- Sentido da Fé
- Sentido do Amor
- Sentido do Conhecimento
- Sentido da Justiça
- Sentido da Lei
- Sentido da Evolução
- Sentido da Geração.

Com isso, são geradores e irradiadores de energias que têm o poder de despertar esses sentimentos em quem se aproximar deles ou viver algum tempo nas suas dimensões elementais básicas.

Esses seres elementais vão evoluindo e, quando alcançam um grau consciencial, passam para o *4º Plano da Vida*, formado por 33 dimensões duais.

Essas dimensões são denominadas duais porque são formadas pela fusão de duas energias elementais básicas e destinam-se a abrigar os seres elementais puros já aptos a viverem e evoluírem num meio onde um segundo elemento está na base da sua formação energética.

Então vem o *5º Plano da Vida*, com 49 dimensões, paralelas entre si e isoladas umas das outras porque são destinadas a diferentes evoluções e à conscientização sensorial dos seus habitantes.

Depois vem o *6º Plano da Vida*, formado por 77 dimensões polienergéticas.

Nesse *6º Plano da Vida* também está localizada a dimensão humana, que é onde vivem os espíritos e que ora estão vivendo no seu lado espiritual, ora estão encarnados no seu lado material ou físico.

Já o *7º Plano da Vida*, este é onde todas as 77 dimensões naturais desembocam e todos os seus habitantes, já plenamente desenvolvidos mentalmente e conscientemente, são conduzidos.

Todos os habitantes de todas as dimensões desse nosso abençoado planeta passam pelo *7º Plano da Vida* e estagiam nele por muito tempo antes de serem conduzidos a outras realidades de Deus.

Agora, ao par desses planos da vida, temos dimensões diferentes porque são puramente energéticas e são regidas pelos Tronos de Deus e são guardadas por membros de suas hierarquias divinas.

Todos são divindades geradoras de energias vivas ou fatorais e as irradiam para os seres que vivem nas dimensões dos Planos da Vida.

Temos Tronos Energéticos elementais, voltados para as dimensões elementais básicas e, por meio de suas vibrações divinas, enviam energias elementais fatoradas a todos os habitantes delas.

Esses Tronos Energéticos elementais são comuns a todos os planetas deste nosso universo e não são exclusivos do nosso planeta Terra.

Esses Tronos Energéticos são os regentes de muitas magias elementais praticadas no nosso plano material desde tempos imemoriais.

Sempre que as pessoas ativam suas magias no plano material, alguns desses Tronos Energéticos são ativados e irradiam as energias que darão sustentação aos processos mágicos colocados em ação.

Eles atuam por irradiações energéticas, nunca recorrendo ao concurso dos espíritos ou dos seres naturais.

Como Tronos Energéticos, não "pertencem" a esta ou àquela religião, mas sim, energizam a criação divina em seu todo.

A criação divina de Deus é muito mais complexa do que imaginamos nós, os seguidores das muitas religiões do plano material.

Saibam que quando Divindades são evocadas religiosamente nos seus santuários naturais, elas ativam os membros de suas hierarquias religiosas (seres naturais ou espíritos incorporados a elas) para que atuem em benefício de quem as invoca ritualmente, seja só com uma vela ou com toda uma cerimônia completa.

Agora, quando são invocadas magisticamente, então as divindades ativam seus pares Tronos Energéticos, e são estes que atuarão em benefício de quem fez a evocação mágica.

Os Tronos Energéticos

Os Tronos Energéticos são divindades de Deus, cuja função é a de cuidar da manutenção do equilíbrio energético da criação divina.

Esses Tronos estão assentados em planos ou dimensões que são verdadeiros oceanos energéticos, pois à volta deles tudo é energia. E até os seus tronos-assentos são geradores de energias fatorais, capazes de gerar de si novos tipos de fatores assim que vão se fundindo com os irradiados por outros Tronos.

Com isso entendido, então podemos comentar mais um mistério da criação, já que havíamos dito que os planos fatorais e essenciais são comuns a toda a criação, e que todo esse nosso universo físico com seus planetas e estrelas está ligado por vórtices especiais a elas por meio do lado espiritual da criação.

Também havíamos dito que, a partir do *3º Plano da Vida*, cada planeta tem suas dimensões elementais básicas só deles, assim como a evolução dos seres se processa nos subsequentes planos da vida exclusivos de cada um deles, não acontecendo cruzamentos com a evolução que acontece nas dimensões espirituais em outros planetas, mesmo os próximos do nosso.

Mas isso não significa que uns estejam isolados dos outros, pois ao par das dimensões planetárias, já descritas no capítulo anterior, existem dimensões energéticas comuns a todos os planetas e estrelas desse nosso universo físico.

Saibam que, sem acontecer individualizações planetárias, mas servindo de sustentáculos energéticos às dimensões planetárias dos planos da vida, existem planos energéticos universais comuns a todos os planetas e estrelas desse nosso universo físico, mas que atuam no lado espiritual deles, certo?

Assim, entre outros, temos isto:

- Plano Energético Fatoral, universal
- Plano Energético Essencial, universal
- Plano Energético Elemental, universal
- Plano Energético Bi-elemental, universal
- Plano Energético Tri-elemental, universal
- Plano Energético Tetra-elemental, universal
- Plano Energético Penta-elemental, universal
- Plano Energético Hexa-elemental, universal
- Plano Energético Hepta-elemental, universal
- Plano Energético Octo-elemental, universal
- Plano Energético Enea-elemental, universal, etc.

Cada um desses planos energéticos possui um único grau magnético, vibratório e energético, e os Tronos que os regem formam uma classe distinta de divindades de Deus, pois suas funções são voltadas unicamente para a manutenção do equilíbrio energético da Criação Divina.

Essa hierarquia de Tronos é especial, pois todos são Tronos geradores de energias elementais, às quais irradiam o tempo todo, energizando tudo e todos os que estiverem dentro dos seus campos de irradiação.

São esses Tronos Energéticos que estão por "trás" dos Planos da Vida e de suas muitas dimensões existentes neste nosso planeta Terra.

As divindades regentes do nosso planeta recorrem a eles sempre que há excesso ou falta de energias e se servem das energias dos seus planos para manterem seus domínios em equilíbrio vibratório, magnético e energético.

As divindades estão voltadas para os seres e atuam **consciencialmente** em suas vidas por meio das muitas religiões aqui existentes.

Já os Tronos Energéticos estão voltados para o equilíbrio vibratório magnético e energético e atuam **elementalmente** sobre os seres, caso forem evocados por intermédio de alguma fórmula evocatória codificada pela Lei Maior como "evocação correta".

- **As divindades** "cuidam" das **religiões**.
- **Os Tronos Energéticos** "cuidam" das **magias**.

Assim, no caso de invocarem religiosamente uma divindade de uma religião, ela responderá religiosamente porque essa é sua função na vida dos seus fiéis.

Mas, se realizarem uma invocação mágica a ela, então ela ativará o Trono Energético que melhor responderá à evocação realizada em seu nome religioso.

As divindades religiosas possuem suas hierarquias espirituais, às quais ativam para que auxiliem seus fiéis encarnados sempre que são evocadas.

Já os Tronos Energéticos, estes possuem suas hierarquias de seres elementais e naturais, as quais ativam sempre que as divindades solicitam suas atuações, e ativam os regentes dos graus vibratórios onde estão localizadas as dificuldades, os bloqueios ou deficiências das pessoas.

Enfim, os Tronos Energéticos não são cultuados "religiosamente", mas sempre estão presentes na vida dos seres porque são os seus equilibradores energéticos, enquanto as divindades equilibram os sentimentos e despertam a consciência.

O que é Um Trono Energético

Um Trono Energético é um ser divino cuja função na criação é gerar e irradiar energias para os seres que vivem sob suas irradiações.

Existem Tronos Energéticos masculinos e femininos desde os fatoriais até os celestiais, formando hierarquias distintas e identificáveis pelos fatores, essências, elementos e energias que geram e irradiam o tempo todo. Esse fato dá a eles a aparência de fontes irradiadoras de energias, umas de uma só cor e outras com muitas cores.

Os Tronos que irradiam energias de uma só cor são chamados de Tronos Cósmicos ou monocromáticos.

Os Tronos que irradiam energias com muitas cores são chamados de Tronos Universais ou policromáticos.

Os Tronos são classificados pelo fator ou fatores que geram, assim como, pelo Plano da Vida onde atuam como seres divinos geradores e irradiadores de energias "vivas".

Sim, as energias geradas pelos Tronos são vivas, e quem absorvê-las em grandes quantidades começa a vibrar sentimentos íntimos análogos aos que Eles vibram e irradiam através de suas ondas vibratórias vivas e transportadoras das energias que geram o tempo todo.

Um Trono Energético gera energias destinadas a um ou a vários sentidos da vida que, para nós, são sete.

Os sete sentidos da vida são estes:

- Sentido da Fé
- Sentido do Amor
- Sentido do Conhecimento
- Sentido da Justiça
- Sentido da Lei
- Sentido da Evolução
- Sentido da Geração

Esses sete sentidos são formados a partir da combinação de energias fatorais ou de partes dos Fatores de Deus, cuja função é dar às coisas as suas qualidades, sejam elas simples, mistas ou compostas.

Logo, um sentimento é associado a um dos sete sentidos da vida, e é possível identificar o Trono Energético que irradia energias que, quando absorvidas em grandes quantidades, despertam-no no íntimo dos seres.

Com isto entendido, então fica fácil a classificação das hierarquias dos Tronos Energéticos, pois temos sete sentidos da vida, que são alimentados por sete fatores compostos. Vamos à classificação:

- Sentido da Fé — Fator Congregador
- Sentido do Amor — Fator Agregador
- Sentido do Conhecimento — Fator Expansor
- Sentido da Justiça — Fator Equilibrador
- Sentido da Lei — Fator Ordenador
- Sentido da Evolução — Fator Evolutivo
- Sentido da Geração — Fator Gerador

Com isso explicado, então temos essa classificação genérica para os Tronos Energéticos:

- Tronos da Fé, masculinos e femininos
- Tronos do Amor, masculinos e femininos
- Tronos do Conhecimento, masculinos e femininos
- Tronos da Justiça, masculinos e femininos
- Tronos da Lei, masculinos e femininos
- Tronos da Evolução, masculinos e femininos
- Tronos da Geração, masculinos e femininos

Mas há uma classificação mais específica para as hierarquias dos Tronos Energéticos. Vamos a ela:

• Fator Congregador (Sentido da Fé)	Tronos Magnetizadores Tronos Cristalinos
• Fator Agregador (Sentido do Amor)	Tronos Conceptivos Tronos Renovadores
• Fator Expansor (Sentido do Conhecimento)	Tronos Expansores Tronos Concentradores
• Fator Equilibrador (Sentido da Justiça)	Tronos Equilibradores Tronos Energizadores
• Fator Ordenador (Sentido da Lei)	Tronos Potencializadores Tronos Direcionadores
• Fator Evolutivo (Sentido da Evolução)	Tronos Transmutadores Tronos Decantadores
• Fator Gerador (Sentido da Geração)	Tronos Criacionistas Tronos Geradores

Também temos a classificação dos Tronos Energéticos pelas partes positivas dos fatores. Vamos a ela:

• Fator Congregador
Parte Magnetizadora
Parte Cristalizadora

• Fator Agregador
Parte Conceptiva
Parte Renovadora

• Fator Expansor
Parte Expansora
Parte Concentradora

• Fator Equilibrador
Parte Equilibradora
Parte Energizadora

• Fator Ordenador
Parte Potencializadora
Parte Direcionadora

• Fator Evolutivo
Parte Transmutadora
Parte Decantadora

• Fator Gerador
Parte Criacionista
Parte Geradora

Os fatores podem ser classificados pelo tipo de energias que geram:

- Fator Congregador — Energia Cristalina
- Fator Agregador — Energia Mineral
- Fator Expansor — Energia Vegetal
- Fator Equilibrador — Energia Ígnea
- Fator Ordenador — Energia Eólica
- Fator Evolutivo — Energia Telúrica
- Fator Gerador — Energia Aquática

É a fusão das partes dos fatores que dão origem aos tipos de energias, desde as fatorais até as celestiais.

Logo, a base ou o início das hierarquias dos Tronos Energéticos está nos Tronos Energéticos fatorais, que geram energias fatorais, capazes de gerar coisas a partir de si mesmas, em que cada parte de um fator é um "código genético divino" que traz em si o poder de gerar muitas "coisas".

Então temos aqui sete fatores compostos e temos 14 hierarquias de Tronos Energéticos, que são os geradores naturais das partes deles. Mas muitos outros fatores compostos também existem, certo?

- O fator congregador tem a sua parte passiva e positiva, que é magnetizadora, gerada por um Trono Energético masculino, e tem a sua parte ativa e positiva, que é cristalizadora, gerada por um Trono feminino.

- O fator agregador tem a sua parte ativa e positiva, que é conceptiva, gerada por um Trono feminino. E tem a sua parte passiva e positiva, que é renovadora, gerada por um Trono masculino.

- O fator expansor tem a sua parte ativa e positiva, que é expansora, gerada por um Trono masculino. E tem a sua parte passiva e positiva, que é concentradora, gerada por um Trono feminino.

- O fator equilibrador tem a sua parte passiva e positiva, que é equilibradora, gerada por um Trono masculino. E tem a sua parte ativa e positiva, que é condensadora, gerada por um Trono feminino.

- O fator ordenador tem a sua parte passiva e positiva, que é potencializadora, gerada por um Trono masculino. E tem a sua parte ativa e positiva, que é direcionadora, gerada por um Trono feminino.

- O fator evolutivo tem a sua parte passiva e positiva, que é transmutadora, gerada por um Trono masculino. E tem a sua parte ativa e positiva, que é decantadora, gerada por um Trono feminino.

• O fator gerador tem a sua parte passiva e positiva, que é criacionista, gerada por um Trono feminino. E tem a sua parte ativa e positiva, que é estabilizadora, gerada por um Trono masculino.

Os fatores compostos são formados por partes, e cada parte deles pode ser associada aos elementos da natureza terrestre, já que são predominantes nas suas gerações.

Vamos à classificação dos fatores a partir da associação deles com os elementos da natureza:

• Fator Congregador
Parte Magnetizadora — o cristal
Parte Cristalizadora — o cristal

• Fator Agregador
Parte Conceptiva — o mineral
Parte Renovadora — o mineral

• Fator Expansor
Parte Expansora — o vegetal
Parte Concentradora — a terra

• Fator Ordenador
Parte Potencializadora — o ar
Parte Direcionadora — o ar

• Fator Equilibrador
Parte Equilibradora — o fogo
Parte Condensadora — o fogo

• Fator Evolutivo
Parte Transmutadora — terra-água
Parte Decantadora — água-terra

• Fator Gerador
Parte Criacionista — água
Parte Geradora — terra

Com isso explicado, então temos Tronos Energéticos geradores de energias que podem ser classificados a partir de elementos da natureza terrestre. Vamos à classificação:

• Tronos Energéticos magnetizadores geram e irradiam energias cristalinas.
• Tronos Energéticos cristalizadores geram e irradiam energias cristalinas.
• Tronos Energéticos conceptivos geram e irradiam energias minerais.
• Tronos Energéticos renovadores geram e irradiam energias minerais.

- Tronos Energéticos expansores geram e irradiam energias vegetais.
- Tronos Energéticos concentradores geram e irradiam energias telúricas.
- Tronos Energéticos equilibradores geram e irradiam energias ígneas.
- Tronos Energéticos condensadores geram e irradiam energias ígneas.
- Tronos Energéticos potencializadores geram e irradiam energias eólicas.
- Tronos Energéticos direcionadores geram e irradiam energias eólicas.
- Tronos Energéticos transmutadores geram e irradiam energias telúricas-aquáticas.
- Tronos Energéticos decantadores geram e irradiam energias aquáticas-telúricas.
- Tronos Energéticos criacionistas geram e irradiam energias aquáticas.
- Tronos Energéticos estabilizadores geram e irradiam energias telúricas.

No caso do fator evolutivo, que é um fator atemporal, o seu Trono Energético masculino é ativo na energia telúrica e é passivo na energia aquática. Já o seu Trono Energético feminino é ativo na energia aquática e é passivo na energia telúrica.

Essa "atividade" ou "passividade" refere-se aos seus magnetismos e não às suas qualidades ou naturezas, certo?

Os magnetismos podem ser irradiados de forma passiva ou em "ondas retas" e podem ser irradiadas de forma ativa ou em "ondas curvas".

Geometria da Luz

A natureza da luz pode ser explicada por dois tipos de teorias. Uma geométrica ou de propagação retilínea, que nos dá o conceito de raio luminoso ou caminho que segue a luz ao propagar-se de um ponto a outro. O raio de luz será uma linha reta se a sua propagação ocorrer num meio homogêneo, porém poderá dobrar-se em ângulo ao passar de um meio a outro de diferentes propriedades ópticas. Com esta teoria, explicam-se as propriedades de reflexão e refração.

Outra teoria é a ondulatória, que considera a luz como um fenômeno ondulatório eletromagnético, em cujas partículas conjugam-se uma propagação longitudinal e uma vibração transversal, ou seja, que a luz se propaga por ondas (sino) emitidas por um foco. Explicam-se, por esta teoria, as propriedades de interferência, polarização e difração.

As ondas senoidais produzem-se ao vibrar as partículas sobre a posição de equilíbrio e, ao mesmo tempo, deslocarem-se longitudinalmente. Uma partícula 0 situada na origem, deslocaria na direção AB e, ao mesmo tempo, deslocar-se-ia na direção U, originando na conjugação desses movimentos, a onda aqui representada:

Em qualquer onda senoidal têm-se os seguintes conceitos:

- **Elongação**: é a altura de uma partícula sobre a linha zero.

- **Amplitude**: é a altura máxima que uma partícula pode alcançar, ou seja, elongação máxima. A amplitude de uma onda determina a intensidade da radiação.

- **Período**: é o tempo que leva uma partícula para percorrer uma vibração completa, por exemplo, passar da posição 0 a Q.

- **Frequência**: é o número de vibrações por unidade de tempo.

- **Comprimento da onda**: é a distância entre duas partículas mais próximas que estão na mesma fase.

As Funções dos Tronos Energéticos

A fusão das partes dos fatores geram os dois tipos de ondas, que podem ser mistas e criam desenhos os mais diversos possíveis.

Com isso entendido, então podemos abordar a função dos Tronos Energéticos na Natureza e na Magia.

– Na Natureza, eles são geradores de fatores puros, mistos ou compostos e sempre estão suprindo-a com suas irradiações de energias vivas, visando mantê-la saturada de fatores que dão sustentação aos desdobramentos que acontecem o tempo todo.

– Na Magia, eles são os responsáveis pelas energias dos processos mágicos ativados pelos seres que vivem sob suas regências, processos estes capazes de acelerar, de paralisar ou de anular os acontecimentos na vida de quem é objeto delas.

Nós sabemos que as divindades regentes das religiões solicitam a atuação dos Tronos Energéticos para que eles auxiliem seus fiéis quando estes as evocam por meio das magias religiosas ou de orações, enviando-lhes suas vibrações energizadoras.

A Atuação dos Tronos Energéticos nas Magias Religiosas

As magias religiosas são muito utilizadas pelos fiéis de todas as religiões desde tempos imemoriais e são recursos usados quando só as orações não estão auxiliando-os.

Então as pessoas recorrem a ritos mágicos, mas regidos pelas suas divindades.

As "novenas", os "terços", as "promessas", as "oferendas", etc., são magias religiosas cuja finalidade é a de auxiliar a quem as faz à sua divindade.

Nesses casos, os Tronos Energéticos não atuam diretamente, mas sim, por meio das suas hierarquias formadas tanto por seres naturais quanto por espíritos incorporados às hierarquias das divindades regentes das religiões.

Nessas magias religiosas as divindades oferendadas ativam seus pares Tronos Energéticos, assim como, ativam suas hierarquias espirituais.

Tronos Energéticos na Mágia Pura

Os Tronos Energéticos irradiam suas energias fatorais, sejam elas puras, mistas ou compostas a partir do momento em que são evocadas magisticamente, só deixando de atuar em benefício de uma pessoa caso exista algum impedimento da Lei Maior ou ela não seja merecedora e antes tenha que se aperfeiçoar consciencial e religiosamente.

Mas, se evocados na Magia, os Tronos Energéticos passam a atuar em benefício das pessoas e, pouco a pouco, vão energizando-as, curando-as, orientando-as, protegendo-as, conscientizando-as e transmutando seus sentimentos íntimos negativos, despertando nelas novas expectativas, novos horizontes conscienciais, profissionais, etc.

Tudo é uma questão de fé e de fazer por merecer seu auxílio, já que, como equilibradores energéticos assentados no lado divino da criação, auxiliam todos os seres cujas dificuldades ultrapassam os seus limites pessoais e tornam-se insuportáveis.

A magia pura é energética e as hierarquias de seres naturais regidas pelos Tronos atuam beneficiando as pessoas, pois estes seres naturais são geradores de energias vivas, as quais irradiam para quem deve ser beneficiado nas evocações do Mago.

Quando ativamos uma magia mineral, todo um campo de trabalho se abre à frente do Mago e este abre quantos portais achar necessário para auxiliar as pessoas que solicitarem seu auxílio.

Após abrir os portais, através deles sairão seres naturais (espíritos não encarnantes) que, imantados e direcionados por sua invocação e suas determinações mágicas, farão o que lhes é permitido pela Lei Maior e auxiliarão as pessoas indicadas pelo Mago.

Estes seres são poderosíssimos, pois, na Magia, são elementos mágicos vivos, ativos, pensantes, dotados de um aguçadíssimo raciocínio; são capazes de atuar em função das determinações dadas pelo Mago; são regidos pela Lei Maior e pela Justiça Divina, assim como pelos Tronos Energéticos que os qualificam pelos seus fatores e os sustentam tanto energeticamente quanto mentalmente porque têm nestes seres os seus manifestadores naturais e os manifestadores naturais dos seus mistérios divinos.

Os Tronos energéticos estão assentados no lado divino da criação, já os seres naturais vivem e evoluem nos reinos naturais existentes na "dimensão natural da vida".

As Sete Energias Elementais

Como a Magia das Sete Pedras Sagradas fundamenta-se no Setenário Sagrado, então vamos comentar as suas "sete energias", que são uma só (a energia divina), que é irradiada em sete padrões vibratórios diferentes, gerando sete energias elementais (de elementos) formadoras do nosso planeta e de tudo que aqui existe.

A energia divina é uma só e traz em si micropartículas denominadas "Fatores de Deus".

Cada fator realiza uma função que o diferencia de todos os outros e o classifica, distingue-o e o nomeia.

São milhares de fatores que, à falta de uma melhor classificação, os nomeamos com o nome dos verbos, até porque cada verbo é em si uma função.

Andar, falar, ouvir, sentir, escrever, orar, crer, amar, construir, etc., são funções específicas e nenhuma é igual às outras.

• Andar não é o mesmo que se deslocar. Andar, só o fazemos com os nossos pés. Deslocar-nos, isso pode ser feito de carro, de avião, de trem, de navio, a cavalo, etc.

• Falar não é o mesmo que escrever ou orar, ainda que palavras sejam usadas nessas três funções.

Enfim, cada verbo é uma ação única e específica e significa uma função. Por isso, nomeamos as micropartículas formadoras da energia divina como fatores e a eles demos os nomes dos verbos.

A energia divina, por estar na base da criação, participa de tudo o que existe. E desde os níveis mais sutis até os mais densos ela se faz presente, ainda que não a percebamos porque estamos mentalmente ligados ao nível mais denso, que é o da matéria.

Mas ela, se não pode ser vista ou percebida por nós na sua forma mais sutil, no entanto pode ser na sua forma mais densa, no nível da matéria.

A nossa percepção nos indica diferenças entre substâncias diferentes.

Sólido, líquido e gasoso são os três estados da matéria. Mas, além da matéria, temos outros estados, já pertencentes ao lado espiritual.

O quarto estado é o plasmático ou energético, o quinto é o etéreo, o sexto é o magnético e o sétimo é o vibracional.

Os fatores vibram o tempo todo, e é no sétimo estado que fluem em abundância como vibrações ou ondas vibratórias.

Os fatores, vibrando continuamente e deslocando-se em alta velocidade, formam ondas vibratórias altamente energizadoras que, onde se condensam formam um microcampo que é em si um campo eletromagnético emissor de novas ondas fatorais.

Esses microcampos eletromagnéticos tendem a se sobrecarregar energeticamente e, quando a carga interna se eleva muito, eles explodem, criando algo como uma "fusão" de fatores que, se antes eram puros (ou com uma só função), daí em diante se polarizam e uns se atraem e outros se repelem criando a bipolarização eletromagnética da criação.

Essas explosões de microcampos eletromagnéticos formados por ondas vibratórias fatorais (transportadoras da energia-fator) são a primeira transformação dos fatores originais ou puros que, polarizados, formam ondas vibratórias, em que umas se atraem e outras se repelem, transmutando a antes original energia divina, onde todos os fatores ou micropartículas coexistiam em harmonia.

A partir dessas microexplosões, as ondas se atraem ou se repelem e daí em diante começa a acontecer uma separação energética da criação. Mas isto acontece em um outro nível da criação, impossível de ser constatado por nossos sentidos materiais (visão, tato, olfato, etc.).

Essa separação energética, por acontecer de forma peculiar, gera dois campos de estudo: um passivo e outro ativo ou positivo e negativo.

São campos que se repelem e tendem a se manterem afastados um do outro.

No campo passivo, aqui chamado de polo ou lado positivo, a vasta gama de fatores que se atraem torna-o muito brilhante e policromático.

No campo ativo, aqui chamado de polo ou lado negativo, a vasta gama de fatores que se atraem torna-o denso e monocromático.

E, porque os fatores passivos coexistem em harmonia, a policromia fatoral predomina.

Mas, quanto aos fatores ativos, estes não coexistem em harmonia. A monocromia cria uma escala cromática específica e muito parecida com a usada na gemologia para identificar pedras preciosas a partir da dispersão da luz branca nas cores espectrais.

A decomposição da "luz branca" cria o espectro de cores que mede os comprimentos de onda (os comprimentos são medidos em nanômetros, cujo símbolo é um: 1mm = milionésima parte de milímetro).

A Espectroscopia é a ciência que estuda a dispersão, a decomposição e a absorção da luz pelas gemas ou pedras preciosas.

Essa separação dos fatores ativos, criando um espectro de cores, faz surgir as faixas vibratórias, dentro das quais só vivem seres afins, fato esse que serve como um separador na criação divina.

Dessa separação também se serve a Magia Divina das Sete Pedras Sagradas, que tanto utiliza as pedras transparentes quanto as pedras opacas ou pretas.

Bom, voltando aos fatores, eis que temos esta classificação:

- Fator puro ou original.
- Fator bipolarizado (positivo e negativo).
- Fator irradiante e fator concentrador.
- Fator misto ou com dupla função.
- Fator composto ou polifuncional.

Essa classificação, ainda em nível de micropartículas, gera ondas vibratórias puras, bipolizadas, passivas e ativas, bifuncionais e polifuncionais.

E quando, de estado em estado, chegamos ao nível espiritual das energias elementais formadoras da matéria (ou da natureza), os milhares de fatores já se agruparam em grandes "famílias de fatores" ou cadeias fatorais.

Essas famílias de fatores criam as quatro energias elementais básicas (água, terra, fogo e ar) e as três energias elementais derivadas ou secundárias (mineral, cristal e vegetal).

As sete energias elementais, em nosso planeta, ocupam sete dimensões que são em si sete reinos elementais puros.

Cada um desses sete reinos elementais puros é em si uma realidade fechada à entrada das outras energias elementais porque abrigam formas de vida ainda em um estado delicado e são gigantescos berçários onde seres divinos zelam o tempo todo pelo bem-estar dos seres e pelo equilíbrio do meio onde eles vivem.

São incontáveis as formas de vida existentes nesses reinos ou dimensões elementais puras, sendo que todas se alimentam das energias que circulam nos meios onde vivem.

Essas energias elementais são formadas por fatores "combinantes-complementares" afins entre si.

Como temos sete energias elementais básicas na base energética do nosso planeta, os milhares de fatores estão agrupados em sete grandes famílias fatorais.

Como cada fator puro se combina com vários outros que lhe são afins e complementares, avançando no nosso estudo sobre eles, descobrimos que um fator puro ou original é encontrado nos sete elementos, sendo que em cada um ele se mostra de forma diferente ainda que conservem um identificador comum a todos.

No meu livro *Tratado de Escrita Mágica Sagrada*,* mostramos a onda vibratória "multiplicadora" com seus vários modelos e, se cada uma tinha sua forma própria, no entanto todas se serviam da mesma estrutura.

Como a onda vibratória multiplicadora transporta o fator multiplicador, então vimos o mesmo fator originando sete formas, sete padrões vibratórios, sete energias e sete funções mistas, ou seja:

- Multiplicadora ígnea equilibradora
- Multiplicadora eólica direcionadora
- Multiplicadora telúrica estabilizadora
- Multiplicadora aquática geradora
- Multiplicadora vegetal expansora
- Multiplicadora mineral agregadora
- Multiplicadora cristalina congregadora

Como existem fatores puros com estas funções e temos fatores mistos ou com dupla função, então temos isto a nível já energético:

- Fator multiplicador ígneo puro
- Fator multiplicador ígneo eólico
- Fator multiplicador ígneo telúrico

---

*N.E.: Lançado pela Madras Editora.

As Sete Energias Elementais

- Fator multiplicador ígneo aquático
- Fator multiplicador ígneo vegetal
- Fator multiplicador ígneo mineral
- Fator multiplicador ígneo cristalino

Como ígneo é sinônimo de equilibrador, então temos isto:

- Equilibrador racionalizador
- Equilibrador direcionador
- Equilibrador estabilizador
- Equilibrador gerador
- Equilibrador expansor
- Equilibrador agregador
- Equilibrador congregador

Essas duplas funções são chaves interpretativas valiosíssimas se as aplicarmos ao universo dos Orixás cultuados na Umbanda, porque o fator ígneo em sua parte passiva é regido pelo Orixá Xangô.

Então temos o Xangô puro ou equilibrador, e temos os Xangôs mistos ou bifuncionais.

Esses Xangôs com duas funções nós os denominamos assim:

- Xangô equilibrador da lei (ígneo-eólico)
- Xangô equilibrador da evolução (ígneo-telúrico)
- Xangô equilibrador da geração (ígneo-aquático)
- Xangô equilibrador do conhecimento (ígneo-vegetal)
- Xangô equilibrador da concepção (ígneo-mineral)
- Xangô equilibrador da fé (ígneo-cristalino)

Resumindo, temos isto:

- Xangô puro ou da justiça (ígneo = equilibrador)
- Xangô da lei
- Xangô da evolução
- Xangô da geração
- Xangô do conhecimento
- Xangô da concepção
- Xangô da fé

1º — O Xangô puro ou da justiça gera e irradia o fator equilibrador puro.

2º — O Xangô da lei gera e irradia o fator misto equilibrador-direcionador (ígneo-eólico), e dizemos que ele atua no campo da Iansã, equilibrando os movimentos.

3º — O Xangô da geração gera e irradia o fator misto equilibrador-gerador (ígneo-aquático), e dizemos que ele atua no campo de Iemanjá, equilibrando a geratividade.

4º — O Xangô do conhecimento gera e irradia o fator misto equilibrador-expansor (ígneo-vegetal), e dizemos que ele atua no campo de Oxóssi, equilibrando a criatividade.

5º — O Xangô da concepção gera e irradia o fator misto equilibrador-agregador (ígneo-mineral), e dizemos que ele atua no campo de Oxum, equilibrando a conceptividade.

6º — O Xangô da fé gera e irradia o fator misto equilibrador-congregador (ígneo-cristalino) e dizemos que ele atua no campo de Oxalá, equilibrando a religiosidade.

7º — O Xangô da evolução gera e irradia o fator misto equilibrador-evolucionador (ígneo-telúrico) e dizemos que ele atua no campo de Obaluaiyê.

Aqui, recorrendo a uma linha de Orixás (Xangô), associada a um elemento (o fogo), com uma de suas muitas funções (a equilibradora) demonstramos que um mesmo fator combina-se com outros, criando funções complementares.

Essa combinação "funcional" entre os fatores, os elementos e as divindades nos fornece uma base identificadora e classificadora das pedras.

Vejamos como nos servirmos dessa base:

1º) Os fatores fluem através de ondas.

2º) Toda onda tem o seu comprimento.

3º) Devido ao comprimento da onda, a energia assume uma cor específica.

4º) Por meio da cor podemos identificar as pedras de uma ou de outra divindade.

5º) A cor de uma pedra indica que determinada onda está sendo refletida (ou irradiada) por ela.

6º) A cor indica a onda irradiada e esta, o fator predominante, indicando para que serve determinada pedra.

7º) Com isso entendido, fica fácil trabalhar magisticamente com as pedras, pois se um fator puro (o ígneo) está presente no campo dos outros, então identificamos sua presença pela cor das pedras.

8º) Como as pedras irradiam energia elemental "mineral" combinada com as outras, então basta ter uma escala de cores associadas aos elementos para que saibamos a qual divindade, sentido, elemento e família de fatores elas pertencem, facilitando a escolha na hora de trabalhar com elas.

Alguém cético poderá questionar esse método de classificarmos as pedras e suas funções. Mas lembramos o leitor que esse conhecimento é espiritual e pertence a uma ciência espiritual usada com muita eficiência na cromoterapia, que é um trabalho de cura fundamentado no uso de luzes coloridas e de cores vibrantes.

Na cromoterapia, assim como na litoterapia (tratamento com pedras), a cor é fundamental para o trabalho energético realizado em benefício das pessoas.

Devemos lembrar o leitor que tanto a cromoterapia quanto a litoterapia atuam sobre o espírito das pessoas e, através dele, alcançam o corpo físico, trazendo o bem-estar e a cura de determinadas "doenças" cujo fundo é espiritual.

A medicina clássica trabalha com o corpo biológico e trata de enfermidades diagnosticáveis. Já a cromoterapia e a litoterapia trabalham com o corpo energético (ou espiritual) e atuam sobre sintomas de enfermidades não diagnosticáveis pela medicina clássica.

Portanto, são duas formas diferentes de auxílio às pessoas e não devem ser confundidas, porque atuam a partir de enfoques diferentes e destinam-se a aspectos diferentes do ser.

Matéria e espírito são estados diferentes da energia e, se uma injeção ou um comprimido de determinado antibiótico corta determinada infecção no corpo físico, também determinada cor ou pedra atua com eficiência sobre determinada "doença" espiritual.

O ser, no seu todo, é tão complexo que só a medicina clássica ou só a medicina espiritual não são capazes de, isoladamente, supri-lo de suas necessidades terapêuticas.

É preciso somar ambas para que o ser seja bem assistido em todas as suas necessidades, ainda que nem sempre isso é possível por causa de leis criadas para protegerem as pessoas do charlatanismo aí existente, praticado por pessoas inescrupulosas e nem um pouco preocupadas com o bem-estar alheio, fato esse que já causou a morte de muitos no decorrer dos tempos.

Mas, não é porque existem (sempre existiram e sempre existirão) charlatães que devemos desclassificar os recursos da ciência espiritual em detrimento da medicina clássica ou vice-versa.

O bom senso deve nortear a opção por uma ou por outra e até combiná-los para obtenção de um melhor restabelecimento da saúde e do bem-estar pessoal.

Há também o aspecto religioso que, não raramente, interfere na opção pelos recursos da medicina espiritual, às vezes associados a determinada prática religiosa.

As religiões mentalistas são adeptas dos recursos da oração, da reclusão, da meditação, do jejum, das promessas, etc.

As religiões naturalistas (ou naturistas) são adeptas do tratamento com recursos elementais, energéticos, magnéticos, fitoterápicos, cromoterápicos, litoterápicos, magísticos, espirituais, etc.

Às vezes, essa separação dos recursos do tratamento espiritual dificulta o auxílio às pessoas necessitadas e acabam relegados a um segundo plano por pessoas que preferem endeusar a medicina clássica e tachar de charlatanismo ótimas práticas terapêuticas só porque estão associadas a determinada religião ou a prática magística, terapêutica ou espiritualista.

O ideal é, com bom senso, as pessoas servirem-se tanto da medicina clássica quanto da "medicina" espiritual e nunca se esquecerem de que uma não anula ou dispensa a outra, e sim, que elas são complementares e, se dosadas corretamente, o benefício é inegável.

Mente saudável em corpo saudável não diz tudo, mas mente e espírito saudáveis em corpo saudável é o ideal.

Aí sim, temos o ideal a ser alcançado, pois a ciência espiritual nos ensina que determinados minerais, que são radioativos, antes de afetarem a matéria (o corpo biológico) já destruíram o espírito (o corpo energético).

Isto a medicina clássica não trata porque está voltada para a saúde do corpo, mas pessoas afetadas por certas substâncias nocivas melhoram sensivelmente se se submetem, também, aos recursos da medicina espiritual. E, se só esta não cura, no entanto, combinando-a com a medicina clássica, muitas pessoas têm se curado a tal ponto que são vistas como beneficiadas por "milagres".

Mente saudável mantém o corpo saudável. Mas, mente doente não adoece só o corpo porque, antes que seus reflexos sejam sentidos na matéria, já causaram danos profundos ao corpo energético ou espiritual.

Na verdade, em 90% dos casos, antes de o corpo material dar seus sinais de alerta o espírito já os manifestava. Mas os alertas do corpo espiritual não são compreendidos como tal e são interpretados como mal-estar passageiro ou como indisposições temporárias.

Após esses comentários, fundamentais para a compreensão da magia das pedras, retomamos nosso objetivo, que são as energias elementais.

Elas estão em tudo o que existe, pois algo só existe se for formado por elas.

Mesmo os medicamentos, todos são derivados da combinação dos elementos originais que geram micropartículas e estas formam átomos, que geram moléculas, que geram substâncias que geram a matéria.

Então temos pedras ígneas, vegetais, telúricas, eólicas, aquáticas, cristalinas e "minerais", desde que as transportemos por analogia aos sentidos e estes às funções mantenedoras da criação.

A Magia dos Tronos de Deus

Quando, no capítulo anterior, dissemos que existem pedras ígneas, minerais, vegetais, aquáticas, eólicas, telúricas e cristalinas, só o fizemos fundamentados na cromoterapia, porque uma pedra de cor verde cria um campo eletromagnético etérico diferente de uma de cor vermelha, ainda que ambas pertençam à mesma espécie.

As cores, bem sabemos, dependem do comprimento da onda que está sendo refletida. Mas, para ela se tornar visível tem que haver várias ocorrências, sendo que uma delas é a presença de certos metais, tais como: o cromo, o cobre, o cobalto, o ferro, o manganês, o níquel e o vanádio, que absorvem ou refletem certos comprimentos de onda da luz branca e assim dão-lhes cores ou tonalidades.

Observem que os principais metais que influenciam na cor das gemas preciosas são sete, ainda que outros contribuam, mas em menor importância.

Os efeitos óticos das gemas ou "pedras" são importantes, e recomendamos que os interessados nesse assunto leiam o livro *Gemas do Mundo* de autoria de Walter Shumann, editado pela Disal Editora, que foi de onde retiramos algumas informações técnicas incluídas neste nosso livro de magia e foi um dos que estudei quando fiz um curso de gemologia na ABGM-Associação Brasileira de Gemologia e Minerologia.

Bom, deixemos de lado a parte técnico-científica das rochas e dos minerais e entremos no seu lado magístico, que é o objetivo deste nosso livro de Magia.

O fato é que as cores das pedras são seu melhor identificador para trabalhos magísticos e, numa mesma cor, as espécies também são importantes.

Então, para avançarmos nesse campo, precisamos criar toda uma base divina para associá-la às pedras.

Comecemos assim, por fundamentar a Magia Divina das Sete Pedras Sagradas em uma classe de divindades estudada por nós já na nossa "Magia Divina das Sete Chamas Sagradas": os Tronos de Deus.

Os Tronos de Deus são as divindades geradoras dos meios onde vivem os seres e são os sustentadores divinos da evolução de todas as espécies criadas por Ele.

Os Tronos são os manifestadores divinos dos mistérios criadores-geradores de Deus.

Um Trono transcende nosso conceito de divindade porque os meios onde os seres vivem e evoluem são gerados por eles para abrigá-los e mentalmente sustentam a abertura do código genético divino que os seres trazem dentro dos seus mentais, código esse que, à medida que vai se abrindo, vai dotando o ser de mais e mais faculdades mentais, mais talentos e mais dons espirituais.

O trabalho realizado pelos Tronos de Deus é tão divino que os temos como manifestadores de Deus na criação.

De fato, os Tronos "governam" a criação divina porque tudo o que existe nos sete planos da vida está dentro dos seus domínios nela.

• Nós estamos dentro do domínio dos Tronos de Deus!

• O lado material da criação, com centenas de bilhões de galáxias, está dentro dos seus domínios, que não são físicos e sim mentais.

• O lado espiritual também está dentro dos seus domínios.

• As muitas dimensões ou realidades da vida também estão dentro dos seus domínios.

Fora dos domínios dos Tronos de Deus nada mais existe. Como eles são os manifestadores divinos dos mistérios geradores-criadores, todas as magias são regidas por eles, assim como todas as religiões, pois sem a anuência e o amparo deles elas não existiriam.

Os Tronos de Deus são os governadores da criação; todas as outras classes de divindades são regidas por eles e atuam como seus "ministros", cada uma respondendo por um aspecto da criação.

Logo, uma magia feita na força de um Trono de Deus é tão poderosa que suplanta o poder de todas as magias espirituais, naturais, encantadas, elementais e elementares.

- Magia espiritual é a magia feita com o concurso dos espíritos.

- Magia natural é a magia feita com o concurso dos seres da Natureza.

- Magia encantada é a magia feita com o concurso dos seres encantados.

- Magia elemental é a magia feita com o concurso dos seres elementais.

- Magia elementar é a magia feita com o concurso dos elementares da Natureza.

Todas essas magias vêm sendo usadas há milênios por pessoas no mundo todo, não importando qual cultura ou religião as "formaram".

O fato é que as usam, mas nem sempre de forma positiva ou benéfica. Isso, porém, não é responsabilidade da magia em si e sim de algumas pessoas, dos seus sentimentos e dos propósitos que as movem.

Essas magias citadas linhas atrás são, todas elas, duais e tanto podem ser ativadas para fins positivos quanto negativos, e isso tem facilitado a disseminação do dualismo que, ora induz uma pessoa a fazer uma magia para ajudar quem ela gosta, ora faz uma magia para prejudicar a quem odeia.

Esse dualismo tem enviado muitos às trevas após o desencarne, porque não se justifica aos olhos de Deus quem assim procede. Ou só se recorre à magia para auxiliar um necessitado ou não se recorre se for para prejudicar quem quer que seja.

Magia é um recurso sério que temos à nossa disposição e seu uso tem que ser justificável aos olhos das leis divinas.

Pois bem! As magias abertas por nós sob a regência dos Tronos de Deus não se prestam às pessoas movidas por ódio, inveja, mágoas ou remorsos decorrentes de discórdias pessoais, e sim, elas só se prestam a auxiliar pessoas movidas por amor, bondade, compaixão e misericórdia.

Foi por amor, bondade, compaixão e misericórdia que os mensageiros espirituais dos divinos Tronos nos abriram seus mistérios magisticamente e nos instruíram a ensinar a Magia Divina às pessoas movidas por esses sentimentos para com os seus semelhantes.

Quando uma Magia Divina é ativada por alguém assim, o seu poder de realização é ilimitado e inigualável por qualquer uma das magias já citadas linhas atrás, que são as que a maioria das pessoas praticam mundo afora.

Os divinos Tronos de Deus não "respondem" a pessoas movidas por maus sentimentos ou com propósitos condenáveis perante a Lei Maior e a Justiça Divina.

Um Trono é um poder de Deus e não é subvertido por rezas, orações, encantamentos, cantos, oferendas ou invocações negativas.

Ou se evoca um Trono para a prática do bem ou não se mexe com eles, porque os propósitos do invocador serão levados em conta antes de mais nada.

E, se os propósitos são negativos e visam atingir um semelhante, o invocador com certeza não alcançará tais objetivos. Não na força de um Trono de Deus!

Há muitos seres Tronos de Deus, mas todos esses seres denominados Tronos respondem hierarquicamente a apenas sete Tronos originais, que são estes:

- Trono da Fé — cristalino
- Trono do Amor — mineral
- Trono do Conhecimento — vegetal
- Trono da Justiça — fogo
- Trono da Lei — ar
- Trono da Evolução — terra
- Trono da Geração — água

Esses sete Tronos originais são as sete manifestações de Deus que geram o Setenário Sagrado; é a partir deles que se inicia o mundo manifestado, também denominado por criação divina.

Tudo o que Deus gera no mundo manifestado, gera por meio dos seus sete Tronos originais.

Desses sete Tronos em diante tudo começa a fazer parte do mundo manifestado, e antes deles tudo ainda está no mundo imanifesto, que é Deus.

Agora, a partir dos sete Tronos originais, tudo tem início no exterior de Deus e eles são, em si, a base divina de sua criação.

Assim, como eles são a base da criação, tudo foi, é e será criado em seus domínios.

Na Bíblia Sagrada são citadas algumas classes de seres divinos, tais como: anjos, arcanjos, serafins, querubins, potestades, tronos, dominações, etc.

Os Tronos são a base da criação e as dominações são suas individualizações por espécies elementares ou instintivas, ou seja: uma dominação é uma divindade assentada em determinado "local" da criação, e ela cria a partir de si um domínio na criação que tem uma função específica, tal como a de abrigar os "espíritos" das aves.

- Ou dos répteis;

- Ou dos insetos;
- Ou dos caninos;
- Ou dos peixes, etc.

As dominações exercem o poder amparador sobre as muitas espécies de seres instintivos criados por Deus e são tantas dominações quanto forem as espécies criadas por Ele.

Como Sua criação é infinita, infinito é o número de dominações, com cada uma regendo sobre uma espécie.

Essas dominações são as divindades cultuadas por muitos povos no decorrer da evolução da humanidade. Uns adoraram ou ainda adoram deuses serpentes; outros adoram deuses elefantes; outros adoram deuses felinos; outros adoram deuses pássaros; outros adoram deuses caninos; outros adoram deuses bovinos, etc. (ou adoraram!).

Essas dominações aceitam ofertas das mais variadas espécies e com as mais diversas finalidades, inclusive as prejudiciais aos semelhantes de quem as invocar.

Nas espécies movidas pelo instinto os Tronos individualizam seus poderes regentes numa classe de seres denominados "Dominações".

Já para os seres racionais, os sete Tronos individualizam-se em uma classe de divindades denominada elemental.

Daí, temos sete divindades elementais, que são estas:
- Divindade Elemental do fogo — da justiça
- Divindade Elemental do ar — da lei
- Divindade Elemental da terra — da evolução
- Divindade Elemental da água — da geração
- Divindade Elemental do mineral — do amor
- Divindade Elemental do vegetal — do conhecimento
- Divindade Elemental do cristal — da fé

Essas sete divindades elementais estão na base da criação do nosso planeta e cada uma gera uma energia elemental pura.

Posteriormente, surgem as combinações energéticas elementais, fazendo surgir divindades bielementais, trielementais, etc., com cada uma delas responsável pela sustentação do meio gerado por ela e pela continuidade da evolução dos seres em contínuo trânsito evolucionista.

Essas divindades elementais, por serem em si o meio onde os seres estacionam durante seus estágios evolucionistas, são estáveis e permanentes. Elas são poderosos mentais divinos e não devem ser confundidas com os seres espirituais.

E, por assim serem, nós também as denominamos Tronos elementais puros; Tronos bielementais; Tronos trielementais, etc.

• Uma divindade elemental pura está ligada diretamente a um Trono original.
• Já uma divindade bielemental está ligada a dois Tronos originais.
• Uma divindade trielemental está ligada a três Tronos originais.
• Uma divindade heptaelemental está ligada aos sete Tronos originais.

Uma divindade heptaelemental mineral tem seu identificador no seu elemento original puro (o mineral, por exemplo).

Essa divindade mineral hepta-elemental mantém uma ligação com o seu Trono original que rege sobre o sentido do amor e com os regentes dos outros seis sentidos.

Com isso entendido sobre os Tronos, avancemos!

As Hierarquias Divinas

Já vimos que os sete Tronos originais são as sete manifestações de Deus e que regem os meios porque são eles em si e são indissociáveis da criação divina.

Eles formam o Setenário Sagrado e não são seres comuns.

Os sete Tronos transcendem o senso comum sobre o termo "divindades" ou seres divinos. Eles são em si divindades-mistérios de Deus.

Eles são sete manifestações geradoras-criadoras de Deus, e o melhor modo de descrevê-los é que são sete mentais divinos do tamanho da criação. Nem maiores nem menores que ela!

Como a criação divina é infinita, então infinitos em si são os sete Tronos originais de Deus.

Esses sete Tronos originais, apenas para identificação deles e para melhor compreensão do leitor, nós os associamos aos sete elementos formadores da natureza. Mas eles transcendem essa forma, certo?

Quando falamos em um Trono original do fogo, estamos nos referindo a um mental divino, que é uma manifestação geradora-criadora de Deus e que traz em si atribuições divinas que têm por função gerar em si os meios "ígneos" da criação e de dar sustentação a todos os seres gerados por Deus e que evoluirão através desse meio elemental.

Nós preferimos estudar os elementos formadores da natureza, e por meio da ação e da função deles em nossa vida, melhor identificá-los pelos sentidos. Por exemplo: o fogo é purificador, é consumidor, é energizador, é equilibrador, etc., e suas funções são as de purificar os meios retirando deles tudo que os desequilibra.

Isto é uma função análoga à da justiça terrena, que retira do nosso meio as pessoas que estão desequilibrando-o, tais como: criminosos, assassinos, degenerados, corruptos, ladrões, etc., e, retendo-os em prisões, tanto livra a sociedade desses seus predadores quanto fornece a eles, no isolamento, meios para refletirem sobre suas vidas e suas ações desequilibradas e prejudiciais à harmonia da sociedade a que pertencem.

A função que mais usamos para identificar o Trono do Fogo (ou da Justiça) é a equilibradora porque a justiça tem como uma de suas funções a manutenção do equilíbrio entre os seres e os meios onde vivem, que é a sociedade a que pertencem.

Mas a justiça tem à disposição toda uma estrutura com muitas outras funções, complementares entre si.

A justiça julga, decide, opta, determina, sentencia, absolve, penaliza, recolhe, prende, liberta, solta, encarcera, isola, segrega, reintegra, reconduz, refreia, faz refletir, reforma, ensina, instrui, etc.

São tantas as funções da justiça que não vamos enumerá-las aqui porque o nosso propósito é o de demonstrar por que optamos por nomear os sete Tronos originais por meio das palavras que usamos para identificarmos os sete sentidos da vida.

Para nós, os sete sentidos são esses:

- Sentido da Fé — Trono da Fé
- Sentido do Amor — Trono do Amor
- Sentido do Conhecimento — Trono do Conhecimento
- Sentido da Justiça — Trono da Justiça
- Sentido da Lei — Trono da Lei
- Sentido da Evolução — Trono da Evolução
- Sentido da Geração — Trono da geração

Sete sentidos, sete Tronos, sete manifestações de Deus, sete mentais divinos, sete meios, sete poderes, sete elementos, sete planos da criação, sete mistérios originais de Deus!

Acrescente sete cores, sete sons, sete vibrações, sete estruturas, sete formas, sete modelos, sete meios, sete qualidades, sete dons, sete virtudes, sete forças, sete irradiações, sete arquétipos, sete identidades, sete funções originais, sete formas de Deus chegar até nós após nos gerar e colocar-nos em uma de suas sendas evolucionistas.

Esses sete Tronos originais são, em si, sete manifestações geradoras-criadoras (ou criadoras-geradoras, como queiram) que estão em tudo o que Deus criou porque, ao manifestar-se e tudo gerar e criar, Deus o fez por meio desses Seus sete mistérios manifestadores.

Por meio desses sete mistérios originais tudo foi criado e tudo está "dentro" deles, que estão "dentro" de Deus como partes indissociáveis.

Então, quando falamos em Trono do Fogo, estamos nos referindo a um mistério que não é o fogo material em si, e sim, que ele gera de si todos os fatores ígneos que, estes sim, geram o fogo-energia elemental e emite vibrações capazes de equilibrar, de purificar, de consumir, etc.

Nós não damos formas aos Tronos de Deus porque eles as geram e todas estão "dentro" deles.

Como dar forma a um mental divino do tamanho da criação de Deus?

Muitos de nós, que somos um entre infinito número de formas de vida, por causa do nosso antropomorfismo, apreciamos imaginar Deus com uma forma humana.

Mas isso não é verdade e preferimos idealizá-lo através dos sentidos porque, aí sim, é possível entender a afirmação bíblica que nos diz que Deus nos criou à sua imagem e semelhança.

A imagem a ser criada é esta: Deus é fé, é amor, é conhecimento, é justiça, é lei, é evolução e é geração.

A semelhança é esta: nós temos fé, vibramos amor, aprendemos e apreendemos, somos movidos pela razão ou senso de justiça, temos um caráter e primamos pela moral, procuramos evoluir continuamente e somos capazes de criar coisas que tornam nossa vida mais agradável.

Enfim, porque Deus é infinito, tudo Nele é infinito, e porque somos limitados, tudo em nós é limitado ao meio onde vivemos e evoluímos.

Deus criou e gerou tudo, e nós, criações Dele, entre infinitas criações, somos só mais uma, mas nem um pouco desprezível porque somos uma micropartícula com as mesmas qualidades da macropartícula (Deus) que nos gerou, imantou e qualificou como espíritos humanos.

Então, porque Ele nos gerou, imantou e qualificou, nós O trazemos em nós como um estado de espírito ou do nosso espírito. Mas, como uma micropartícula é parte de uma macropartícula, então também somos parte Dele enquanto Ele é todos nós, reunidos na sua qualidade humana!

E, como Ele nos gerou em um dos Seus sete mistérios, eles nos mantêm unidos e coesos na espécie humana, ainda que muitas outras espécies tenham sido criadas.

E, entre as muitas espécies criadas por Deus, existem as espécies divinas, às quais denominamos de seres divinos.

Esses seres divinos já receberam muitos nomes no decorrer da história religiosa da humanidade, mas nunca deixaram de ser o que são: seres divinos!

Nós somos seres espirituais e eles são seres divinos.

Nós fomos criados em estado potencial e eles são em si estados plenos.

Nós podemos desenvolver em nosso íntimo a fé, o amor, o aprendizado, a razão, o caráter e a criatividade.

Eles são em si, a fé, o amor, conhecimento, a razão, o caráter, a transmutação, a criatividade, etc.

Nós, gerados em estado potencial, dependemos deles para desenvolvermos a nossa potencialidade, e eles foram gerados plenos para poderem amparar-nos e nos auxiliarem para desenvolvê-las a partir de nós mesmos.

As "espécies" de seres divinos também são em número infinito e só nos tem sido possível conhecermos algumas, às quais damos nomes, tais como anjos, arcanjos, orixás, devas, deuses, etc.

Como são infinitas as classes (ou espécies, como queiram) de seres divinos, optamos por englobá-las na designação genérica "divindades", mas separando-as por elementos, sentidos, etc.

E, como existe uma classe de seres divinos assentados em todos os níveis vibratórios, cujos assentamentos são majestosos e assemelham-se a "Tronos imperiais", nós a denominamos "Tronos de Deus", regentes de reinos e domínios da criação.

Essa classe de divindades assentadas é infinita em si mesma e rege sobre os elementos e sobre as espécies, desde as mais elementares até as mais complexas. Desde as mais instintivas até as mais racionais. E, desde o macro até o microcosmico.

Encontramos Tronos nos quatro elementos básicos (fogo-ar-terra-água) e nos três derivados (mineral-vegetal-cristal) assim como os encontramos no Tempo e em tudo o que existe, com cada um desempenhando sua (ou suas) função (funções).

E todos são regidos pelos sete mentais divinos aqui nomeados por nós como "Tronos originais de Deus".

Essa infinita classe de seres divinos, também nomeada por nós como a "classe dos Tronos de Deus", governa os meios e amparam a evolução dos seres em estado potencial (nós, inclusive).

• O Trono Original da Fé (macrocósmico) rege sobre todos os seres divinos regidos pelo Sentido da Fé.
• O Trono Original do Amor (macrocósmico) rege sobre todos os seres divinos regidos pelo Sentido do Amor.
• O Trono Original do Conhecimento (macrocósmico) rege sobre todos os seres divinos regidos pelo Sentido do Conhecimento.
• O Trono Original da Lei (macrocósmico) rege sobre todos os seres divinos regidos pelo Sentido da Lei.
• O Trono Original da Evolução (macrocósmico) rege sobre todos os seres divinos regidos pelo Sentido da Evolução.
• O Trono Original da Geração (macrocósmico) rege sobre todos os seres divinos regidos pelo Sentido da Geração.

Isso forma suas hierarquias regentes dos meios e da evolução dos seres.

São sete hierarquias divinas, associadas aos sete sentidos da vida.

Os Domínios

Como já comentamos, cada Trono original é em si uma manifestação original de Deus, que tudo gera e cria dentro deles. Então podemos deduzir que dentro dos sete mentais divinos tudo é gerado e criado por Deus.

E, por ser assim, os seres divinos nomeados aqui classe das divindades "Tronos de Deus" também tudo geram dentro dos seus campos de ação ou dos seus domínios na criação.

Como Deus não gera duas espécies iguais e como cada espécie é única, ainda que existam identificadores genéricos (os elementos, por exemplo), então temos seres divinos ou Tronos do fogo, da água, do ar, da terra, dos minerais, dos cristais e dos vegetais, identificados mais pelos meios que sustentam que pelas funções que exercem.

E, num mesmo elemento, há a individualização que engloba numa mesma espécie e num mesmo elemento subclasses de seres divinos.

Essa identificação só é possível por meio de símbolos específicos, de magnetismos, de vibrações, de energia, de luz e cor irradiadas.

Tal como uma gema, um Trono retém certos comprimentos de onda (luz) e irradia outros, sendo que há uma hierarquia que irradia todas as cores, e são denominados Tronos do arco-íris divino.

Esses Tronos do Arco-íris Divino são capazes de receber e absorver as irradiações mentais dos Sete Tronos Originais e de irradiá-las (ou dispersá-las) à sua volta e em todas as direções, alcançando todos os seres dentro dos seus domínios ou campos de atuação.

O fato é que cada ser divino denominado Trono é uma divindade assentada em um nível vibratório e, a partir de si, abre o seu domínio na criação.

Nós, dependendo do nosso grau evolutivo, podemos visualizá-los, ainda que eles vivam no lado divino da criação e nós vivamos no lado espiritual dela.

Essa visualização é mais fácil através das pedras, e um bom clarividente pode recorrer a uma pedra, desde a mais rústica até a mais preciosa, e usando-a como um portal, poderá adentrar visualmente no seu lado "espiritual" ou etéreo até chegar ao seu âmago ou "célula" original que a gerou. Então, por meio dessa célula original, poderá visualizar o Trono de Deus cuja luz é refletida ou absorvida por ela em seu lado espiritual, lado esse que é o meio usado para a prática da Magia das Sete Pedras Sagradas que, se precisa das rochas e dos minérios, no entanto atua por meio do seu lado etéreo.

De posse dessa visão, o clarividente poderá descrever como é um ser divino Trono de Deus e o esplendor que ele irradia, assim como a majestosidade emanada por ele.

Isto é possível de ser visualizado e descrito, ainda que só por uns poucos.

Mas, em uma mesma pedra, todos verão um mesmo e único ser divino assentado em um majestoso Trono mineral, semelhante ao trono de um reinado terreno, porém muito mais elaborado porque não é humano, e sim, divino.

E, se o clarividente não se impressionar e expandir sua visão por dentro da pedra em questão, verá que do âmago dela para o seu exterior existem camadas ou faixas vibratórias coalhadas de seres que têm uma aparência semelhante ao do ser divino assentado em seu âmago ou seu centro-neutro.

Cada uma das camadas foi gerada, de dentro para fora, pelo ser divino que, assentado em seu Trono, sustenta a expansão da vida a partir de si e do mistério que manifesta de si.

Na verdade, ela está no lado divino da criação e projeta-se ou irradia-se para o lado natural (ou elemental) através do seu domínio nela.

Como o seu domínio vibra em uma frequência única, não interfere nos domínios de outros seres divinos, também com seus domínios num mesmo elemento (no caso, o mineral).

Para cada espécie mineral há um Trono Elemental regendo a evolução dos seres elementais e sustentando os meios ou faixas vibratórias por meio das quais eles evoluem até que alcançam a camada ou faixa mais externa, de onde, após "cristalizarem" suas evoluções, são exteriorizados para os reinos naturais, também infinitos em si mas identificados pelos elementos.

Nós sabemos, por meio do estudo do nosso espírito por clarividentes, que temos ao nosso redor sete campos ou "camadas" protetoras, e é através delas que nossa "luz interior" é refletida, criando o que genericamente foi denominado por "aura".

Uns irradiam uma luz azul, outros uma luz verde, etc.

- A cor da aura tem a ver com o sentimento vibrado no momento pela pessoa. E ela muda em acordo com os sentimentos vibrados por ela.
- Um sentimento de fé faz a pessoa irradiar uma cor.
- Um sentimento de amor a faz irradiar uma outra cor, e assim por diante.

Então tudo se repete, não é mesmo!

- O Trono Original da Fé irradia-se através do cristal de quartzo transparente, e dizemos que sua luz "cristalina" expande nosso mental e fortalece nossa fé, purificando-nos de sentimentos religiosos impuros.
- O Trono Original do Amor irradia-se através das pedras rosas, e dizemos que sua luz rosa purifica nosso mental e fortalece nossos sentimentos de amor, expandindo nossa capacidade de amar.
- O Trono Original do Conhecimento irradia-se através das pedras verdes e sua luz verde expande nosso mental, dotando-nos de uma maior capacidade de aprender e apreender.
- O Trono Original da Justiça irradia-se através das pedras alaranjadas, e dizemos que sua luz alaranjada apura nosso senso e nossa razão, dotando-nos de uma maior capacidade de emitirmos juízos.
- O Trono Original da Lei irradia-se através das pedras azul-escuro, e dizemos que sua luz azul-escura aperfeiçoa nosso caráter e nossa capacidade de ordenar as coisas.
- O Trono Original da Evolução irradia-se através das pedras violetas, e dizemos que sua luz violeta transmuta nossos sentimentos, evoluindo-nos.
- O Trono Original da Geração irradia-se através das pedras azuis-claras ou azuis-esverdeadas e sua luz azul-clara expande nossa criatividade.
- Sete Tronos Originais, sete sentidos, sete cores, que são escolhidas aleatoriamente porque um Trono original não tem cor, e sim, gera de si todas as cores necessárias às suas funções na criação.

Limitarmos a uma cor um poder gerador-criador de Deus seria uma incongruência de nossa parte, que primamos pela ilimitabilidade dos Tronos Originais.

E isso, sem contar com o fato de que há seres divinos ou divindades masculinas e femininas atuando em um mesmo sentido e elemento.

Logo, existem seres divinos masculinos e femininos da fé, do amor, do conhecimento, da justiça, da lei, da evolução e da geração. E os portais-minerais para visualizá-los são os mesmos.

- Os seres masculinos "puros" da fé só são visualizados através do quartzo hialino.

Os seres femininos "puros" da fé só são visualizados através do quartzo esfumaçado (ou fumê) sem nenhuma inclusão.

- Os seres masculinos "puros" do conhecimento só são visualizados através das esmeraldas.

Os seres femininos "puros" do conhecimento só são visualizados através das rodocrositas.

- Os seres masculinos "puros" da lei só são visualizados através das sodalitas.

Os seres femininos "puros" da lei só são visualizados através das apatitas.

- Os seres masculinos "puros" da evolução só são visualizados através das turmalinas róseas.

Os seres femininos "puros" da evolução só são visualizáveis através das ametistas.

- Os seres femininos "puros" da geração só são visualizados através dos diamantes azuis.

Os seres masculinos "puros" da geração só são visualizáveis através do ônix preto.

- Os seres masculinos "puros" da justiça só são visualizáveis através do topázio imperial.

Os seres femininos "puros" da justiça só são visualizados através das cornalinas.

Esses seres divinos puros podem ser visualizados através dessas pedras, ainda que numa mesma espécie existam pedras de outras cores. Mas aí são visualizados seres mistos, ou seja, com mais de uma função.

Caso o vidente que fizer este estudo queira, poderá identificar traços ou características comuns aos seres divinos visualizados em pedras de uma mesma espécie, mas em umas cores verá seres divinos masculinos e em outras verá femininos.

Cada pedra é um portal através do qual é possível a um bom clarividente visualizar e descrever os seres divinos que, assentados no lado divino da criação, regem a evolução dos "seres minerais".

Portais Minerais

No capítulo anterior vimos que toda rocha serve de "meio" para que um bom vidente consiga "ver" os seres divinos que, assentados no lado divino da criação, dão amparo à evolução dos seres elementais minerais sob suas regências, e que vivem no lado elemental ou no natural da criação.

Mas, pelo bem da verdade, esses seres minerais não vivem "dentro" da pedra material, e sim, no lado natural da criação.

Esse lado natural da criação é do tamanho da criação divina e é todo multidimensional, com tantos reinos e domínios quanto forem as criações de Deus.

Como as criações são infinitas, infinitas são as dimensões, cada uma delas com seus reinos e domínios específicos.

No livro de nossa autoria, *Aprendiz Sete — Filho de Ogum*,* o personagem serve-se das pedras incrustadas em sua espada simbólica para alcançar realidades impossíveis de serem penetradas por outros meios.

Só através dos minerais se chega às dimensões, reinos e domínios minerais.

Elas são o portal de acesso e, dependendo da pedra escolhida, reinos e seres diferentes são encontrados.

Toda pedra tem o seu "centro-neutro" por meio do qual se visualiza o ser divino sustentador das formas de vida desenvolvidas nos seus domínios naturais.

Graficamente, vamos dar uma ideia de como é uma pedra por "dentro", ou seja, seu lado divino e seu lado natural:

---

*N.E.: Lançado pela Madras Editora.

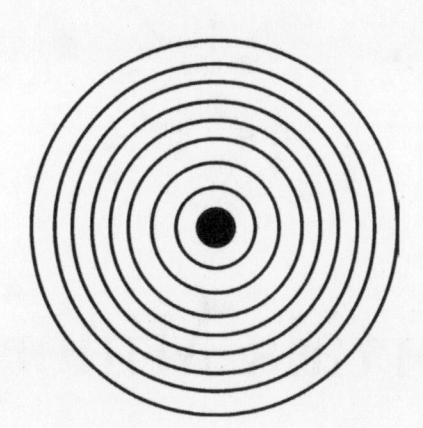

• O centro neutro é o portal de visualização do ser divino responsável pela sustentação do lado natural.

• Os círculos (aqui concêntricos) formam o lado natural mineral da criação, e dentro de cada um existem tantos reinos minerais hiper-habitados que nos é impossível quantificá-los.

• Cada círculo é um domínio, e existem pedras com muitos círculos ou domínios à sua volta, todos regidos pela divindade assentada em seu centro-neutro ou no seu lado divino.

Quanto maior ou afastado for o círculo, mais evoluídos são os seres elementais que neles habitam.

No centro neutro existem portais ou passagens para o primeiro círculo e, através deles, são exteriorizados os seres elementais ainda totalmente inconscientes.

Esses seres elementais "recém-nascidos" para o lado natural da criação ainda não têm noção de nada e, assim que atravessam o portal, saindo do lado divino onde foram gerados por Deus, são acolhidos por seres divinos "elementarizados" que os recolhem em seus reinos ou domínios e passam a sustentá-los integralmente.

Cada um desses seres divinos elementarizados são em si "reino mineral" e geram de si e irradiam em suas "luzes" toda a energia fatoral que é absorvida pelos "recém-nascidos", alimentando-os continuamente.

Esses recém-nascidos são pequenas "luzes" que (tal como pirilampos) ficam deslocando-se ao redor da sua divindade sustentadora.

Ali, circulando de um lado para outro, estão milhões de pequenas luzes (ou mentais) umas azuis, outras verdes, outras róseas, outros violáceos, etc.

Uma miríade de cores desloca-se incessantemente ao redor desses Seres Elementais Divinos (essa é a denominação correta deles), que geram e irradiam de si energia sutil alimentadora dos recém-nascidos. E estes, à medida que vão se alimentado, vão se sobrecarregando energeticamente e desenvolvendo uma aura luminosa à sua volta.

E, à medida que essa aura luminosa vai expandindo-se, eles vão se afastando da sua divindade sustentadora.

E, quanto mais vão se afastando dela, mais se agrupam em nuvens de luzes verdes, azuis, rosas, violetas, amarelas, brancas, etc.

No limite do domínio da divindade sustentadora de um reino elemental mineral primário, nuvens gigantescas de mentais com cores bem definidas e quase "compactas" se agrupam como cardumes ou bandos aves, movendo-se incessantemente.

A visão dessas nuvens de seres elementais minerais é algo maravilhoso de se ver e não há outra palavra capaz de descrevê-las além de "divina"!

A princípio, movem-se muito rapidamente, mas à medida que vão se energizando vão diminuindo suas movimentações e, já no estágio final desse primeiro amadurecimento, é possível acompanhar seus deslocamentos.

É certo que todo o processo de amadurecimento desses seres elementais minerais não se completa em dias ou meses, e sim, demoram anos e anos para que, finalmente, eles possam ser enviados para o segundo círculo ao redor do centro-neutro, através do qual o seu regente divino, e seu sustentador, monitora a evolução dos seres elementais amparados pelas divindades naturais.

Quando todo o primeiro estágio evolutivo se completa, abrem-se enormes portais de passagem do primeiro para o segundo círculo, e através dele vão saindo aquelas gigantescas nuvens, cada uma de uma cor, e com as de uma cor saindo pelo mesmo portal.

Os portais são da cor da nuvem de seres elementais que, através deles, saem de um círculo e entram no seu posterior, onde iniciará um novo estágio evolutivo.

Esses portais, cada um de uma cor, só deixam passar mentais da mesma cor e que já tenham alcançado suas cargas energéticas totais.

Eles são de cor compacta e não é possível ver nada através deles. São como mantos de cores compactas.

E, quando todos os mentais já maduros entraram neles, eles se recolhem e desaparecem.

Dali em diante, já dentro do segundo círculo, novas divindades elementais os atraem, acolhem e recolhem, dando-lhes amparo total nesse segundo círculo, também coalhado de reinos elementais minerais, cada um com uma cor específica.

Nesse segundo círculo, os seres elementais vão "crescer" mais um pouco e desenvolverão determinadas faculdades primárias que, quando completamente desenvolvidas, lhes possibilitarão avançarem para o terceiro círculo ao redor do centro neutro.

Quanto mais círculos ao redor do centro-neutro, mais seres elementais minerais neles vivem. E, quando alcançam o último círculo ao redor do centro-neutro, já amadureceram muitas faculdades mentais e estão prontos para deixarem os reinos e domínios da evolução elemental, pois evoluíram sempre dentro do elemento mineral.

O estágio seguinte os aguarda, com novas divindades elementais, denominadas divindades bielementais.

Para uma melhor compreensão desse processo evolutivo (pelo qual nós já passamos), recomendamos a leitura do livro de nossa autoria denominado *A Evolução dos Espíritos*,* no qual todo ele é descrito com minúcias.

O fato é este:

É possível a um clarividente visualizar algumas coisas desse processo através das pedras, rochas e minérios.

Mas, se isso é possível, no entanto, elas são só portais de visualização, não significando que os seres vivam dentro dessas pedras.

Além de portais de visualização são portais de passagem, porque cada pedra possui um campo eletromagnético com sua forma específica e, através dele, é possível a um espírito projetar-se para outras dimensões, alcançando realidades da vida totalmente desconhecidas para quem vive no plano da matéria.

Por isso, ao quebrar ou lapidar uma pedra e ao fundir e modelar um minério, não estamos interferindo em outras dimensões da vida e muito menos alterando um ciclo evolucionista elemental criado por Deus.

Mas, além de serem portais de visualização e de passagem para outras realidades, as pedras, rochas e minérios são portais energéticos poderosíssimos quando ativados magisticamente.

A ciência nos ensina que uma determinada quantidade de urânio beneficiado é capaz de gerar muita energia nas usinas nucleares.

Agora, na magia com as pedras (ou minérios), uma delas, se ativada magisticamente, tanto torna-se um portal multidimensional capaz de absorver imensas cargas ou sobrecargas negativas quanto é capaz de irradiar poderosíssimas cargas energéticas positivas.

Toda pedra, rocha ou minério tem sua aura energética que se altera em função do que as envolver.

---

*N.E.: Lançado pela Madras Editora.

- Se, pelo ar, mostram-se com uma forma.
- Se, pelo fogo, mostram-se com outra forma.
- Se, pela água, mostram-se com mais outra forma.

Os campos energéticos ao redor das rochas e dos minérios mudam de acordo com o meio que as envolvem. Mas isso é assunto para o próximo capítulo.

Agora nos interessa justificar e fundamentar o uso dos elementos minerais na "Magia Divina das Sete Pedras Sagradas".

As "pedras" são em si portais (como o são todos os outros elementos formadores da natureza) multifuncionais, ou seja, servem para várias funções.

São portais visuais, magnéticos, energéticos, eletromagnéticos, multidimensionais e interagem tanto com o plano divino da criação quanto com o natural e o espiritual e, tudo isso, a partir da sua existência concreta no lado material da criação.

Por serem portais multifuncionais e multidimensionais naturais, elas são um dos principais elementos mágicos à nossa disposição.

Também o são na cromoterapia e na terapia com cristais e minérios.

Uma pedra, rocha ou minério, quando é ativada corretamente e em todo o seu potencial, é capaz de realizar vários trabalhos ao mesmo tempo porque é multifuncional e multidimensional.

Ativada corretamente, junto com suas vibrações e energia, flui o poder realizador da divindade assentada em seu centro-neutro.

Na verdade, é o poder emanado pela divindade regente de uma pedra que realiza as ações mágicas.

Porém, por ser uma emanação divina que flui naturalmente só através do plano divino da criação, a divindade projeta sua vibração mental para o elemento mineral e este, como uma hidroelétrica, transforma o "poder" dela em força capaz de realizar ações poderosíssimas no campo da magia e da terapia.

Em estado neutro ou de repouso, as pedras são o que são: adornos e enfeites belos e valiosos. Mas, quando ativadas magisticamente, tornam-se portais multidimensionais capazes de realizar ações mágicas poderosíssimas.

Os Campos Naturais das Pedras

Todas as pedras e minérios no lado espiritual possuem um campo que as envolvem, campo esse que é gerado por elas a partir da sua constituição reticular e da sua composição química.

Esse campo áurico abre-se para o lado espiritual da criação e irradia continuamente a energia delas.

Cada pedra possui seu campo áurico, sendo que as de uma mesma espécie e mesma cor possuem campos semelhantes. Mas, mesmo sendo de uma mesma espécie mas de cores diferentes, seus campos possuem formas diferentes.

O campo áurico de uma pedra ou de um mineral é algo belíssimo e assemelha-se a uma mandala, fato esse que as torna poderosos portais energéticos multidimensionais.

Tanto o campo áurico quanto a mandala formada nele relacionam-se com a "divindade mineral" que está assentada em seu centro neutro.

Já comentamos que todas as pedras são portais visuais para outras realidades ou dimensões da vida e o que vemos através delas não está nelas, e sim, em outro plano, certo?

Não pense que, caso quebre uma pedra, atingirá os seres que vivem em outro plano da vida (o plano natural) ou à divindade assentada em seu centro-neutro (o plano divino), porque isso não é possível.

Toda pedra é como um aparelho de televisão e permite a um bom clarividente ver através dela o que está acontecendo ou o que existe em outros planos da vida.

Isto é possível justamente porque o campo áurico forma uma "mandala" e através dela é possível de se ver o que existe além da pedra visualizada.

As mandalas são em si verdadeiros símbolos sagrados que, quando ativados magisticamente, tornam-se realizadores porque são símbolos de poder da divindade assentada em seu centro-neutro.

Como cada pedra possui seu campo áurico, sua mandala e seu símbolo de poder, quando ativada magisticamente, tornam-se poderosíssimos polos eletromagnéticos emissores de energias elementais minerais realizadoras de ações positivas e tornam-se absorvedoras de energias e vibrações nocivas ao nosso espírito e ao meio espiritual que vivemos.

E, por serem portais multidimensionais, tanto nos irradiam as energias elementais que nos faltam como recolhem as que nos prejudicam, devolvendo-as às suas dimensões e fontes de origem.

Locais com grande concentração de rochas e minérios são portais naturais para outras dimensões da vida, habitadas por seres ligados aos seus elementos formadores e por outras formas de vida diferentes das que conhecemos aqui no lado material da criação.

Mesmo muitos dos seres naturais minerais diferem em certos detalhes de nós, os seres espirituais.

Aos nossos olhos, acostumados às formas humanas, muitos deles poderiam ser classificados como os "alienígenas" de certos filmes de ficção científica, em que vemos seres falando línguas estranhas e com aparências não humanas.

Já outras formas naturais de vida, se pudessem ser vistas por nós, as veríamos de uma beleza e perfeição nos traços que acreditaríamos serem seres divinos.

Tudo isso (e muito mais) vive nos "mundos paralelos" existentes nas realidades "minerais da vida".

Agora, vamos mostrar alguns campos energéticos ou auras das pedras, suas mandalas ou símbolos e como se mostram ao natural; quando imersas na água e quando submetidas à luz de velas ou à ação de suas chamas.

• Ao natural, uma forma de campo áurico.
• Imersas em uma tigela com água, outro campo áurico.

• Submetidas à luminosidade da chama de duas velas, uma de cada lado, outro campo áurico.

Não as submetemos a outras influências porque o nosso objetivo era o de descobrir se esses campos alteravam-se quando submetidos à influência de outros elementos, fato esse que se comprovou tanto com as rochas quanto com os minérios submetidos à ação do fogo e da água.

Só usamos duas velas, uma de cor branca e outra de cor vermelha. Talvez se as tivéssemos submetido às chamas de velas com outras cores, os seus campos viessem a assumir outras formas.

Também só as colocamos dentro de tigelas de louça branca com água recolhida de torneira de alimentação doméstica e, talvez, se as tivéssemos colocado dentro de outros líquidos, outras seriam as formas dos seus campos áuricos e dos seus símbolos identificadores.

Como o nosso objetivo era o de usá-las magisticamente, dentro de espaços mágicos formados por velas e/ou por copos com água, o que descobrimos confirmou as informações astrais superiores que havíamos recebido e que nos diziam que seus campos áuricos alteravam-se segundo as combinações energéticas com outros elementos formadores da natureza terrestre, com os quais os minerais interagem por meio dos seus campos energéticos ou áuricos.

Muitas foram as nossas descobertas e revelações a partir das informações que os nossos mestres espirituais da Magia Divina das Sete Pedras Sagradas nos passavam.

Aqui, não colocaremos todas, mas somente algumas das que foram visualizadas e que já bastam para fundamentarmos o uso magístico dos minerais, que tanto nos beneficiam energeticamente quanto fortalecem nosso magnetismo humano, tornando-nos mais resistentes a certas cargas ou projeções energéticas negativas, provenientes tanto do meio onde estivermos quanto por meio de ataques espirituais ou magísticos negativos, intentados por pessoas movidas por sentimentos negativos.

Os desenhos que verão nas páginas seguintes foram feitos à mão e com traços livres pelo médium clarividente Luiz Antônio Donizete Soares, que foram escaneados e receberam tratamento gráfico por computador pelo Marcelo Campanhã.

Ressaltamos que o médium Luiz Antônio trabalhou os campos com cores semelhantes mas não iguais às que ele via através de sua apurada clarividência que, segundo ele, parecem ser "vivas", sendo que certas tonalidades ou nuances de uma mesma cor não existiam no seu estojo de lápis coloridos.

Ver os campos e os símbolos dentro deles, isto ele via muito bem. Agora, reproduzi-los em papel e com todos os detalhes e filigranas, isto lhe era impossível.

Portanto, tanto os campos áuricos quanto os símbolos dentro deles foram reproduzidos de forma limitada aos traços e cores mais marcantes e existentes em seu estojo de lápis coloridos.

Lembramos aos nossos leitores que esses desenhos foram feitos no ano de 2000 e 2001, e o médium Luiz Antônio não era desenhista ou artista gráfico, e sim, apenas possuía um dom natural de reproduzir com seus traços livres e de forma limitada o que sua apurada clarividência lhe possibilitou ver nos mundos espiritual, natural e divino, este último através de centro-neutro dos elementos estudados.

A seguir, verão alguns campos áuricos; depois, retornaremos nossos comentários sobre a Magia Divina das Sete Pedras Sagradas.

Ei-los!

Água-Marinha — Água

Magia Divina das Sete Pedras Sagradas 85

Água-Marinha — Fogo

Água-Marinha

A Magia Divina das Sete Pedras Sagradas

Âmbar — Água

Âmbar — Fogo

Os Campos Naturais das Pedras 87

Âmbar

Cornalina — Água

A Magia Divina das Sete Pedras Sagradas

Cornalina — Fogo

Cornalina

Os Campos Naturais das Pedras 89

Diopsídio — Água

Diopsídio — Fogo

Diopsídio

Esmeralda — Água

Os Campos Naturais das Pedras

Esmeralda — Fogo

Esmeralda

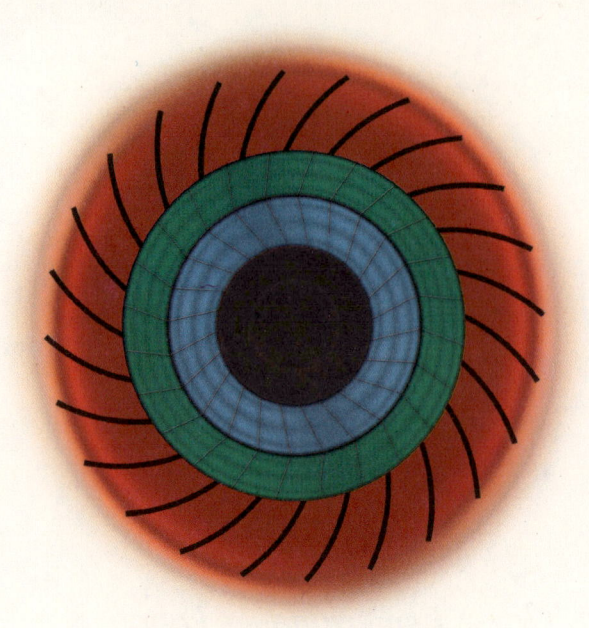

Granada — Água

Granada — Fogo

Os Campos Naturais das Pedras 93

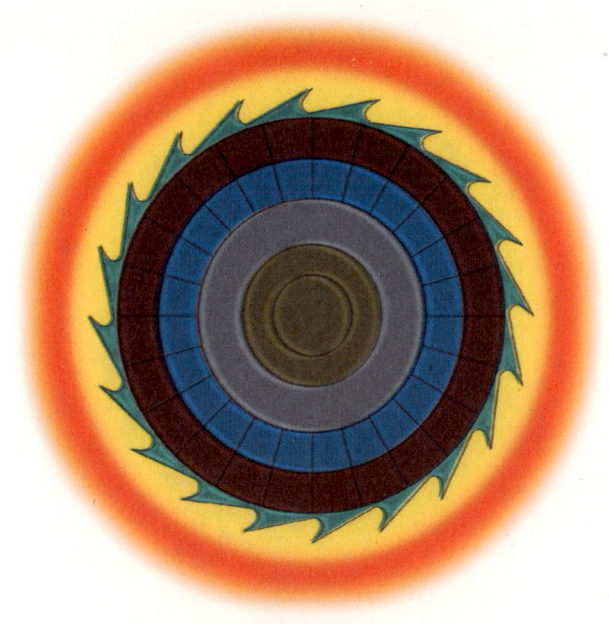

Granada

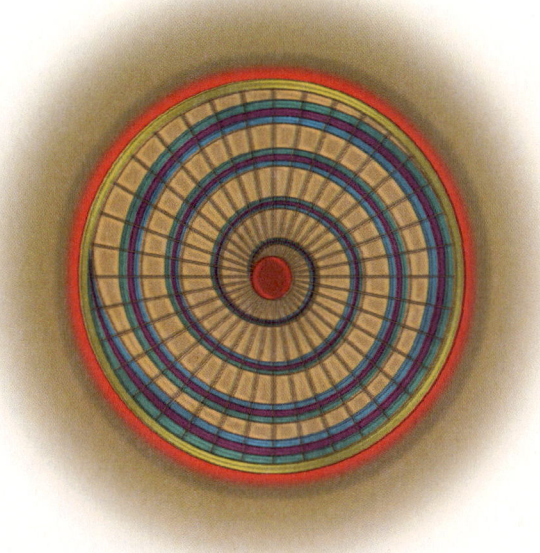

Granito — Água

A Magia Divina das Sete Pedras Sagradas

Granito — Fogo

Granito

Os Campos Naturais das Pedras

Hematita — Água

Hematita — Fogo

A Magia Divina das Sete Pedras Sagradas

Hematita

Jade — Água

Os Campos Naturais das Pedras

Jade — Fogo

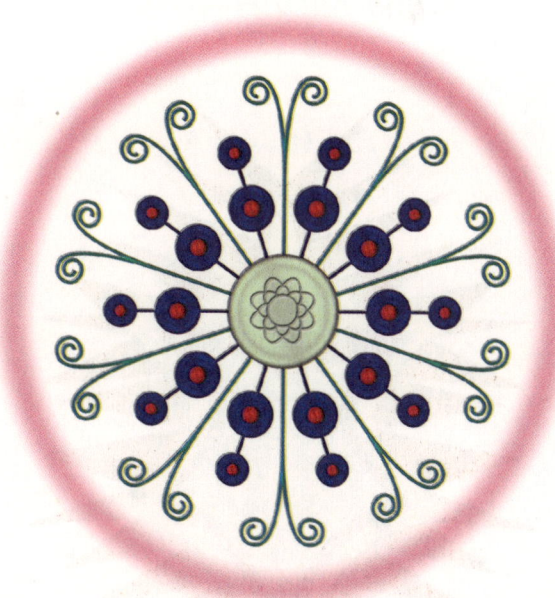

Jade

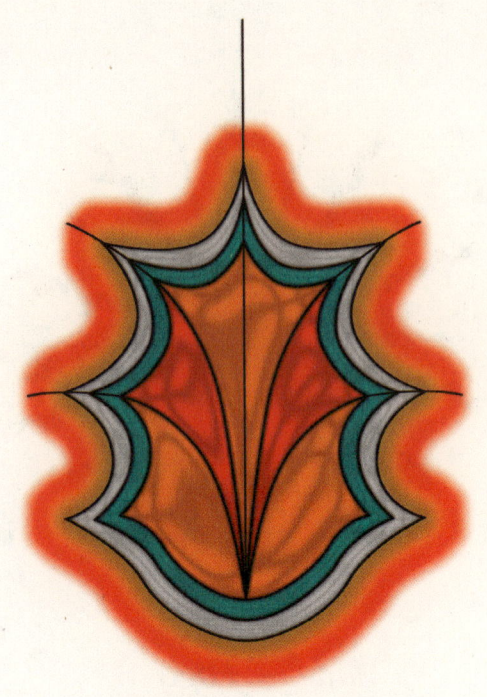

Lápis-Lazúli — Água

Lápis-Lazúli — Fogo

Os Campos Naturais das Pedras 99

Lápis-Lazúli

Madrepérola — Água

Madrepérola — Fogo

Madrepérola

Os Campos Naturais das Pedras

Magnetita — Água

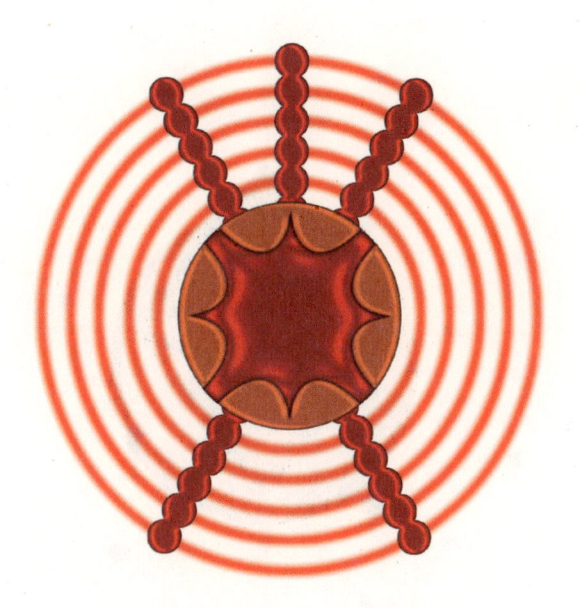

Magnetita — Fogo

Magnetita

Obesediana — Água

Obesediana — Fogo

Obesediana

104　A Magia Divina das Sete Pedras Sagradas

Olho-de-Tigre — Água

Olho-de-Tigre — Fogo

Os Campos Naturais das Pedras

Olho-de-Tigre

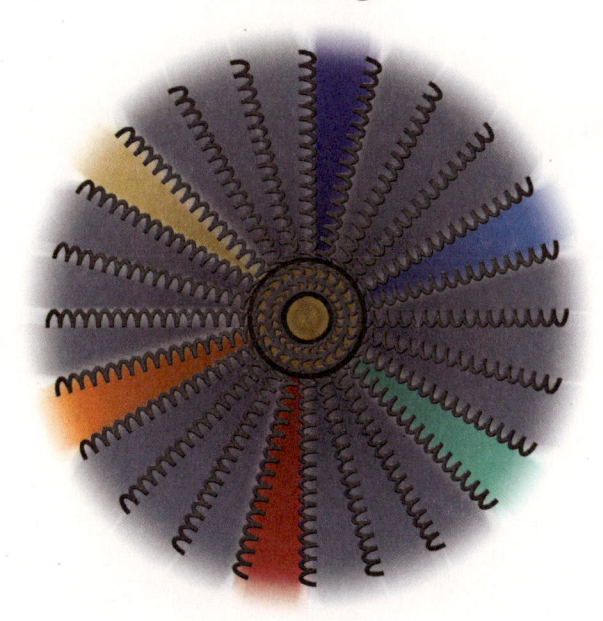

Ônix — Água

Ônix — Fogo

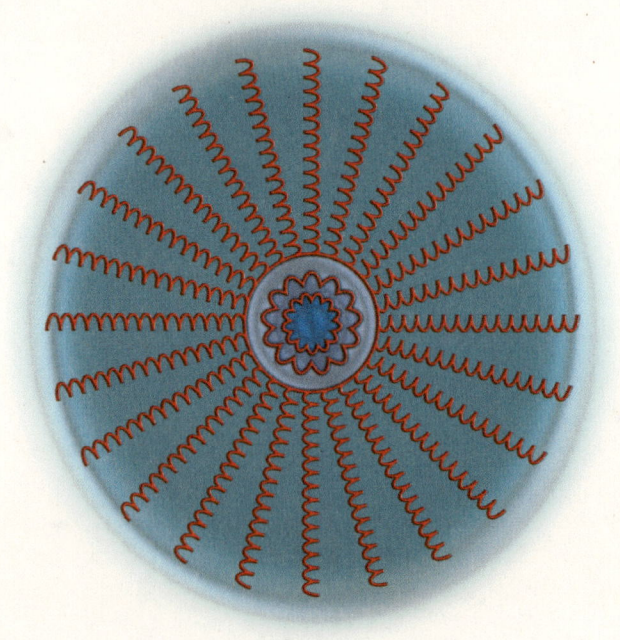

Ônix

Os Campos Naturais das Pedras

Opala Indiana — Água

Opala Indiana — Fogo

A Magia Divina das Sete Pedras Sagradas

Opala Indiana

Turquesa — Água

Os Campos Naturais das Pedras

Turquesa — Fogo

Turquesa

110 — A Magia Divina das Sete Pedras Sagradas

Pirita — Água

Pirita — Fogo

Pirita

Selenita — Água

Selenita — Fogo

Selenita

Os Campos Naturais das Pedras

Turmalina Negra — Água

Turmalina Negra — Fogo

114　　A Magia Divina das Sete Pedras Sagradas

Turquesa — Água

Turquesa — Fogo

Turquesa

Os Minerais e o Espírito Humano

Todas as descrições aqui contidas referem-se ao lado etérico das pedras e minérios. Em momento algum o leitor deverá confundi-las com o lado material das coisas.

Bom, até aqui descrevemos aspectos dos minerais que fundamentam seu uso magístico na Magia Divina das Sete Pedras Sagradas. Mas também fundamentam os tratamentos terapêuticos porque, em nível energético, a aura deles interage com a nossa, que é espiritual, e eles podem retirar do nosso espírito as sobrecargas negativas e repor os padrões energéticos minerais que nos faltam, devolvendo-nos a saúde e o bem-estar espiritual.

Agora, na Magia, o alcance dos minerais é insuperável e pode alcançar níveis tão profundos do espírito que chegam a influenciar a matéria em nosso corpo biológico com tanta intensidade que até podem auxiliar na cura de algumas doenças.

Mas, como não é algo que se repete com todos com a mesma doença, tal como acontece com os medicamentos específicos, preferimos passar ao largo nesse campo e concentrarmo-nos no lado espiritual das pessoas.

Sabemos que o nosso corpo é formado por cerca de 70% de líquidos e o restante por ossos, músculos, nervos, cartilagens, etc.

Mas também sabemos que em nosso corpo há a presença maciça de minerais na forma de vitaminas e sais. Só essa informação já é suficiente para demonstrar a importância dos minerais na nossa vida, não é mesmo?

Agora, imaginem a importância deles em nível espiritual se lhes revelarmos que cerca de 70% do nosso corpo energético espiritual é constituído pela energia etérica mineral!

Sim, cerca de 70% do nosso espírito é constituído por energia mineral nos seus mais diversos padrões vibratórios.

Sabemos que "energia" é o nome genérico para os mais diversos tipos de forças. Então, tomamos a liberdade de especificarmos os muitos padrões vibratórios minerais como energias minerais, uma vez que o padrão vibratório do ferro é um e o do rubi é outro, porque suas "energias" fluem através de ondas vibratórias diferentes.

- O ferro emite sua energia através de ondas vibratórias longas.

- O rubi emite sua energia através de ondas vibratórias curtas.

- Já o ouro emite sua energia através de ondas vibratórias médias.

Sim, os minerais possuem uma faixa de ondas vibratórias transportadoras de suas energias, criando um amplo espectro de vibrações "minerais" no lado espiritual da vida.

Os comprimentos de ondas etéricas dos minérios vão desde os médios até os mais longos e o das rochas e dos cristais vai desde o médio até os mais curtos.

Bom, esses comprimentos de ondas etéricas ocupam uma faixa de frequências vibratórias específica dos minerais cujos "modelos" criam toda uma simbologia mineral e toda uma escrita mágica sagrada mineral.

O que acontece com essas ondas vibratórias quando os minerais são ativados magisticamente é que elas se ligam ao espírito humano por meio dos chacras e rapidamente identificam nossas sobrecargas e nossas deficiências no campo de ação delas, que é de cerca de 70% do nosso corpo energético ou espiritual.

Após o início da ação, todo um trabalho reordenador e reequilibrador é realizado em nosso benefício através das pedras usadas na criação do espaço de trabalhos magísticos.

Nós temos muitos tipos de vitaminas em nosso organismo biológico, tais como: cálcio, ferro, magnésio, potássio, zinco, etc., imprescindíveis para a manutenção da nossa saúde e do bom funcionamento do nosso corpo.

Com o espírito acontece a mesma coisa, ainda que as "vitaminas" sejam em nível energético-espiritual.

A ciência espiritual nos ensina que espírito são é corpo são, mais uma mente sã é o ideal para o nosso bem-estar íntimo.

Ela também nos ensina que espírito enfermo influencia tanto o corpo quanto a mente, causando-nos desconfortos doloridos.

Ensina-nos que uma mente em desequilíbrio, atormentada por pensamentos e sentimentos negativos, influencia tanto o funcionamento das glândulas e aparelhos no corpo quanto influencia o funcionamento dos nossos chacras e dos nossos "corpos" internos, enfraquecendo os campos eletromagnéticos que nos protegem de vibrações negativas que fluem no plano etérico.

Corpo biológico enfermo influencia o nosso espírito e enfraquece nosso campo mental, tornando-nos vulneráveis a ataques espirituais ou magísticos negativos.

A ciência espiritual também nos ensina que se uma doença se instalar em um órgão do corpo biológico, logo começará a afetar a sua contraparte ou réplica existente no espírito e, com o passar do tempo, surge uma mancha escura ou uma sombra envolvendo e influenciando todo o órgão físico, pois o espírito também adoeceu.

Uma das ocorrências mais comuns é encontrarmos espíritos recém-desencarnados ainda sofrendo no seu corpo espiritual as mesmas doenças que tinha no seu corpo físico. E muitos deles só deixam de sofrer quando são tratados por procedimentos terapêuticos voltados para a cura do espírito.

Os minerais desempenham uma função importantíssima na medicina espiritual, uma vez que 70% do nosso corpo plasmático ou espiritual é formado por "energias" minerais elementares (dos elementos).

Os espaços de trabalhos magísticos construídos com pedras e minérios têm um poder inigualável para a cura e o reequilíbrio energético de espíritos sofredores (ou enfermos).

Basta o mago iniciado na Magia Divina das Sete Pedras Sagradas criar um espaço mágico, ativá-lo e determinar que comece a recolhê-los, purificá-los, curá-los e reenergizá-los, que em poucos minutos todos os espíritos sofredores alojados dentro de uma casa e nos campos vibratórios dos seus moradores são puxados para dentro e já "saem" do outro lado dele curadíssimos, muito mais que se fossem incorporados por médiuns de transportes.

E isso, sem desgastar ou sobrecarregar ninguém!

A Magia Divina das Sete Pedras Sagradas, ensinada por nós, é tão abrangente que ela ocupa todo o espectro espiritualista, magístico e religioso, existente à disposição das pessoas necessitadas.

Os Tronos de Deus, que são as divindades invocadas na Magia Divina, tanto atuam sobre o nosso espírito quanto sobre o nosso corpo, mente e consciência, e são capazes de suprirem todas as nossas necessidades religiosas, espiritualistas e magísticas.

Eles são as divindades governadoras da criação e da evolução dos seres e demais espécies criadas por Deus.

Por tudo isso, quando ativamos um espaço mágico mineral regido pelos Tronos de Deus, o limite ou a limitação de sua ação estará em nós, no nosso merecimento e nas nossas necessidades, pois sua ação é abrangente e capaz de nos auxiliar por meio da nossa mente, do nosso corpo e do nosso espírito.

Os Espaços Mágicos Minerais

Até aqui, já vimos muito sobre as pedras e os minérios usados na Magia Divina Das Sete Pedras Sagradas.

Vamos aos tópicos principais:

1º) A Magia Divina das Sete Pedras Sagradas não se fundamenta em sete espécies de pedra ou em sete tipos de minérios, e sim, em comparativamente, sete sistemas de crescimento: cúbico, tetragonal, hexagonal, trigonal, ortorrômbico, triclínico e monoclínico.

2º) Esses sete sistemas são os responsáveis pela estabilidade dos minerais e por suas formações, sustentadas por estrutura reticulares regulares de átomos, íons e moléculas.

3º) Esses sete sistemas de crescimento regulares são os responsáveis pela existência dos minerais não só aqui no planeta Terra mas em todo o Universo.

4º) Eles são associados ao Setenário Sagrado, que é formado por sete manifestações de Deus que, ao manifestar-se, criou os seus sete Tronos ou sete poderes estáveis e reguladores de toda a criação.

5º) Esses sete Tronos são os responsáveis por tudo o que existe, porque tanto é neles (como seus meios) quanto através deles (seus modos ou sistemas) que Deus tudo criou, cria e criará.

6º) Os sete Tronos são sete mentais divinos infinitos em si mesmos e têm o exato tamanho da criação divina.

7º) Tudo o que foi criado, foi neles, através deles e está "dentro" deles.

8º) Por serem sete mentais divinos, são onisicientes, onipotentes e onipresentes.

9º) Por serem tudo isso e fundamentarem a Magia Divina das Sete Pedras Sagradas, tornam-na poderosíssima, e os seus limitadores encontram-se em nós e na nossa incapacidade de lidarmos ao mesmo tempo com muitos dos seus poderes realizadores.

10º) Vimos também que o Setenário Sagrado rege sobre tudo o que é sétuplo, tais como as sete cores, as sete luzes, os sete sons, as sete notas musicais, as sete formas, etc.

11º) Vimos que todo mineral tem um "centro neutro" através do qual um bom clarividente poderá visualizar a divindade regente assentada no seu centro-neutro ou no lado divino da criação.

12º) Vimos que os sete Tronos governam a criação e que, para governá-la, geram classes de seres divinos que, assentados e entronados no lado divino da criação, através do centro neutro dos minérios, são capazes de atuarem em nosso benefício.

13º) Vimos que toda pedra ou minério tem seu campo áurico, sustentado por uma mandala ou símbolo sagrado, que é a forma de projeção e de irradiação da divindade assentada em seu centro neutro.

14º) Vimos que esse campo áurico e a sua mandala sustentadora emitem e recolhem energias etéreas.

15º) Ao emitir, alimentam os meios onde os seres vivem e evoluem, e ao absorverem absorvem sobrecargas prejudiciais aos seres e desestabilizadoras dos meios da vida.

16º) Vimos que cada pedra ou minério é em si um portal natural mineral para outras dimensões ou realidades da vida.

17º) Vimos que cada uma dessas dimensões relaciona-se com o seu mineral-portal, mas está além dele, que é só um portal.

18º) Vimos que essas dimensões são realidades da vida imensuráveis em si mesmas e são hiper-habitadas por seres elementais, encantados e naturais minerais.

19º) Vimos que esses seres são regidos pelas divindades assentadas no centro-neutro das pedras e dos minérios e que, numa identificação simples, podem ser nomeadas desta forma: Trono do ouro, da prata, do cobre, dos quartzos, das ametistas, dos rubis, da esmeralda, do topázio, do diamante, etc.

20º) Vimos que os seres minerais são identificados pelo seu elemento mineral sustentador, tais como: seres auríferos, prateados; cupríferos, quartzolitos, topazíticos, rubiáceos, esmeraldinos; diamantíferos, etc.

21º) Vimos que o campo ou aura é influenciado pelo meio que o cerca e/ou que com ele interage.

22º) Vimos que, quando ativados magisticamente, uma pedra ou um minério torna-se em si um portal multidimensional capaz de atuar em nosso benefício.

23º) Vimos que todos os minerais emitem ondas vibratórias sobrecarregadas de suas energias elementares.

24º) Vimos que, quando ativados magisticamente, as suas ondas vibratórias penetram aos milhões o nosso espírito e tanto removem nossas sobrecargas energéticas negativas quanto repõem nossas perdas ou deficiências energéticas minerais etéricas ou espitituais.

25º) Vimos que cerca de 70% da criação (meios e seres) são formadas por "minerais".

26º) Vimos que os Tronos de Deus atuam em nosso benefício tanto magística quanto religiosamente.

27º) Vimos muitas coisas mais, não?

Sim, acreditamos já ter fundamentado a Magia Divina das Sete Pedras Sagradas para que, quando você decidir iniciar-se nela, faça-o com convicção e não tema ser envolvido por mais um sistema de magia que, ao invés de aproximá-lo e religá-lo a Deus, faz o contrário e o confunde ainda mais.

Então, com tudo isso dito, é hora de saber como construir poderosíssimos espaços mágicos ou espaços multidimensionais e multivibracionais para a realização de trabalhos de Magia Divina com as Sete Pedras Sagradas.

Vamos a eles:

1) Espaço mágico triangular
2) Espaço mágico em cruz ou cruzado
3) Espaço mágico pentagonal
4) Espaço mágico hexagonal
5) Espaço mágico heptagonal
6) Espaço mágico octagonal
7) Espaço mágico raiado
8) Espaço mágico circular
9) Espaço mágico espiralado.

Espaço mágico triangular

Os espaços mágicos triangulares são denominados equilibradores por devolver equilíbrio ao ser e seus campos protetores.

São construídos com a colocação de pedras ou de minérios em forma de triângulo.

Há espaço mágico puro, feito com pedras ou minérios de uma só espécie e há o espaço mágico misto, feito com a combinação de pedras e minérios de várias espécies diferentes.

Também é possível potencializar, dinamizar e dar maior abrangência a um espaço mágico ao se acrescentarem outros elementos naturais, tais como partes de vegetais (raízes, sementes, folhas, flores, frutos e rodelas de caules), águas (mineral, do mar, ferruginosa, magnesiana, etc.) terras (preta, vermelha, areia do rio, do mar, terra cinzenta, etc.), velas (branca e coloridas).

Os elementos acrescentados dentro do espaço mágico ou em seus polos mágicos ocupados pelas pedras dão-lhes maior abrangência e são capazes de atuarem em outros campos além do mineral.

Os espaços mágicos minerais interagem com outros elementos naturais ou sintéticos e realizam um trabalho mais amplo em benefício das pessoas necessitadas, devolvendo-lhes o equilíbrio energético e espiritual.

A regência desse espaço mágico pertence ao Trono da Fé.

Espaço mágico em cruz ou cruzado

Este espaço mágico é chamado de estabilizador porque atua por meio dos eixos magnéticos verticais e horizontais que atravessam o nosso espírito.

Tal como recomendamos para os triângulos, no espaço mágico em cruz (e em todos os outros) podemos acrescentar outros elementos naturais ou industrializados (sintéticos), potencializando-os.

A regência desse espaço mágico pertence ao Trono da Evolução.

Espaço mágico pentagonal

Este espaço mágico é chamado de ordenador, e seu poder de devolver a ordem à vida das pessoas é muito grande porque sua regência pertence ao Trono da Lei.

Tal como nos outros espaços mágicos, ele pode ser puro ou feito com pedras de uma só espécie ou pode ser misto com a combinação de várias espécies diferentes de pedras e minérios.

Espaço mágico hexagonal

Este espaço mágico é chamado de reequilibrador e seu poder devolve às pessoas o equilíbrio para que possam levar adiante suas vidas.

Sua regência pertence ao Trono da Justiça.

Espaço mágico heptagonal

Este espaço mágico é chamado de geracionista e tem o poder de desencadear ações geradoras para as pessoas.

Sua regência pertence ao Trono da Geração.

Espaço mágico octagonal

Este espaço mágico tem o poder de transmutar e positivar tudo o que está influindo negativamente na vida das pessoas. Ele é chamado de evolucionador.

Sua regência pertence ao Trono da Evolução.

Espaço mágico espiralado

Este espaço mágico é atemporal e tanto atua no presente como no passado e no futuro das pessoas, alterando de forma positiva suas deficiências espirituais.

Ele é chamado recondutor-redirecionador.

Também existem espaços mágicos retangulares, quadrados, losangulares, raiados, entrelaçados, circulares, etc., sendo que o circular é denominado de "espaço mágico perfeito" porque o círculo simboliza o todo e trás em si infinitas possibilidades de trabalhos magísticos.

A construção dos espaços mágicos torna-se mais fácil se, antes de colocarmos as pedras, riscarmos com um giz branco ou colorido aquele com que desejamos trabalhar.

Devemos riscá-los no tamanho de uns 70 centímetros de diâmetro e colocarmos pedras ou minérios nos seus polos mágicos.

Quanto ao polo central, podemos colocar pedra ou algum outro elemento natural encontrado na natureza ou no comércio, tais como: flores, copo com água doce, salgada ou mineral (magnesiana, ferruginosa, com enxofre, etc.) peças de ferro, aço, cobre, estanho, latão, zinco, chumbo, imãs, etc.

O polo central também pode ser ocupado por velas (branca ou colorida), pratos ou pires com azeite de oliva, com vinho, com terra, com algum tipo de pó mineral ou vegetal, etc.

Enfim, os minerais combinam-se com todos os outros elementos naturais e, ao adicionarmos mais um ou alguns dentro do espaço mágico de trabalho, estamos aumentando o seu poder de realização.

Para melhor entendimento dos espaços mágicos e da simbologia, recomendamos a leitura do livro de nossa autoria publicado pela Madras Editora com o título *Iniciação à Escrita Mágica Simbólica*. Nele terão uma noção do que são espaços mágicos!

Logo a seguir, colocaremos algumas fotografias de espaços mágicos construídos com pedras e minérios.

Aqui, usamos pedras roladas ou brutas de tamanhos pequenos e médios, mas poderão usar pedras brutas de tamanho maior ou quebradas, encontradas na natureza ou adquiridas no comércio de pedras ornamentais.

Não existe uma espécie melhor que outras, e sim, todas têm poderes realizadores gerais e comuns a todas as espécies e têm poderes específicos, inerentes a cada espécie.

Os poderes gerais devem-se ao fato de que todo pedaço de rocha e de minério é em si um portal natural para o "mundo invisível" mineral, e são capazes de absorverem energias e vibrações negativas e de irradiarem energias e vibrações positivas.

Os poderes específicos devem-se ao fato de que cada espécie, quando ativada, gera um campo eletromagnético no plano espiritual que é específico para cada uma, assim como abrem de si um símbolo sagrado e formam uma mandala de trabalhos energéticos, magnéticos e magísticos específicos.

Os espaços tanto podem ser puros ou com uma só espécie de pedra quanto podem ser mistos, formados por várias espécies.

Não há uma regra; todos os espaços mágicos devem ser construídos segundo a intuição de cada um, pois o que é recomendável para uma pessoa pode não ser o melhor para outra.

É importante que saibam que as pedras e minérios utilizados em um pedaço mágico devem ficar nele por 24 horas para, só então, serem recolhidos e guardados para posteriormente serem utilizados em outros espaços mágicos.

Geralmente, temos uma caixa onde guardamos nossas pedras de trabalhos mágicos com muitas espécies de minerais, tanto as adquiridas no comércio de pedras ornamentais quanto as que recolhemos na natureza.

Também, tanto faz se foram lavadas com ácidos especiais que removem os grãos de terra impregnados nelas ou ainda são mantidas em estado "meio sujo", porque é difícil remover só com água essas impregnações.

Quanto aos minérios (ferro, cobre, chumbo, estanho, zinco, alumínio, etc.), o lugar mais fácil de adquirirem pedaços maciços deles é no comércio de "ferros velhos", onde já foram utilizados e foram descartados a um baixo preço.

Nos "ferros velhos" encontramos peças facetadas, em discos ou arredondadas, em varetas roliças ou achatadas, etc., que, quando distribuídas corretamente, formam poderosos espaços mágicos minerais.

Como dissemos, não há uma regra na construção dos espaços mágicos minerais e não há um melhor e outro nem tanto. Todos são possuidores de poder realizador, mas só depois de ativados corretamente.

O que vale é a ativação e o direcionamento do poder que flui e atua magisticamente através dos minerais, uma vez que, em si, são neutros e são só os portais por onde o poder realizador das divindades chegam até nós.

Os minerais são os "meios" para que o "mundo mineral" atue em nosso benefício e através dos quais removem e recolhem as sobrecargas que nos são prejudiciais e nos enviam as que nos são indispensáveis.

Vamos aos espaços mágicos minerais!

Espaços Mágicos Fechados

    Este tipo de espaço mágico é fácil de ser construído, desde que se tenha adquirido previamente os materiais para construí-lo, tais como: arames, correntes, chapas, pós-minerais, etc.
    • Os arames podem ser trabalhados em várias formas geométricas que devem ser ativadas em combinação com outros elementos.

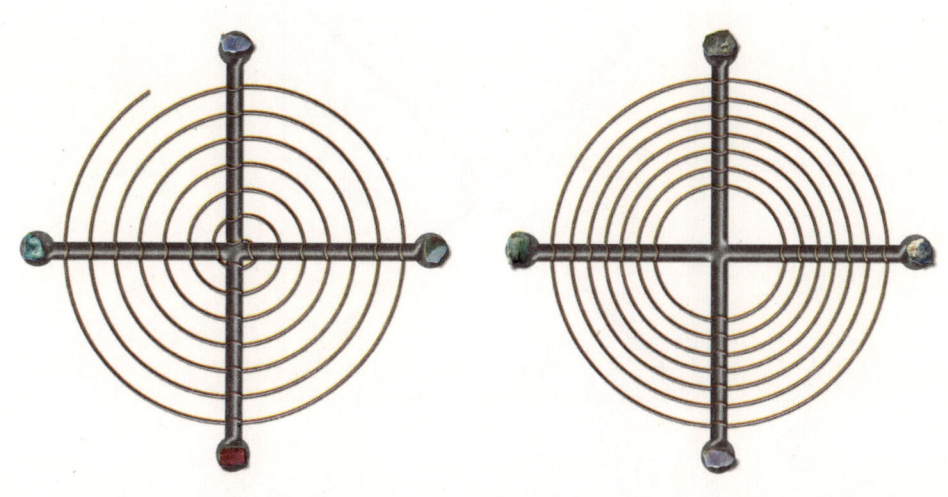

Exemplos:

Estes espaços mágicos são feitos com uma cruz de vergalhão de ferro com sete círculos de arame de cobre amarrados a ela.

Nesse espaço mágico, cria-se uma cadeia eletromagnética poderosíssima capaz de recolher os mais terríveis trabalhos de magia negativa. Nos pequenos círculos nas pontas dos ferros, colocamos velas ou outros elementos (água, pedras, ervas, etc.).

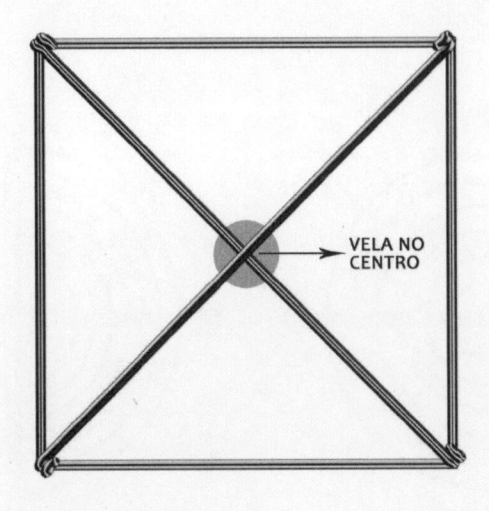

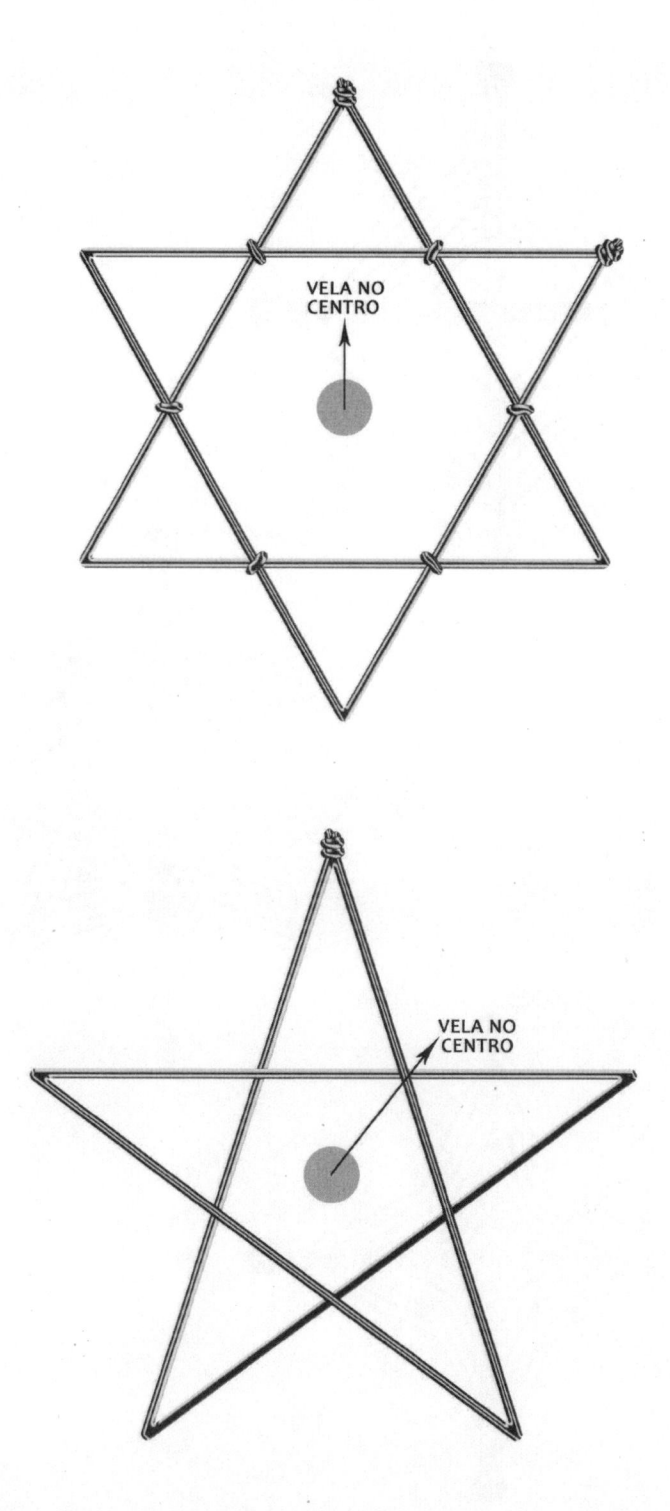

Espaços Mágicos Fechados

VELA NO CENTRO

VELA NO CENTRO

132 A Magia Divina das Sete Pedras Sagradas

Espaços Mágicos Fechados

Este espaço mágico é construído com pós-minerais, tais como: pó de mármore, pó de ferro, pó de granito, pó de pedras moídas, etc., nas pontas e no centro, colocamos outros elementos naturais.

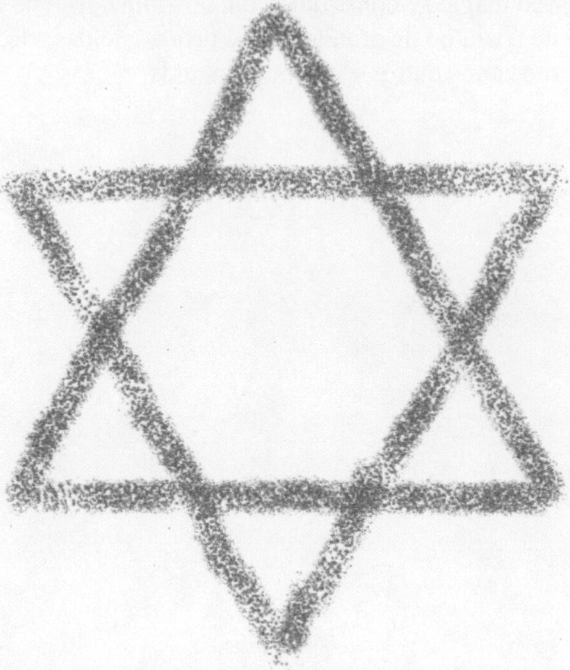

Espaços Mágicos Fechados

Círculo construído com varetas ou vergalhões de ferro, de aço, de cobre, de bronze, etc., fincados na terra. No centro, colocamos outros elementos naturais, tais como: velas, copo com água, pedras, etc.

Este espaço mágico é feito com uma chapa (cobre, zinco, alumínio, etc.) cortada em círculo, depois toda triangulada ou serrilhada nas bordas. E, nos pequenos triângulos, colocamos pequenas pedras ou minérios brutos. No seu centro, colocamos uma vela de cor vermelha acesa.

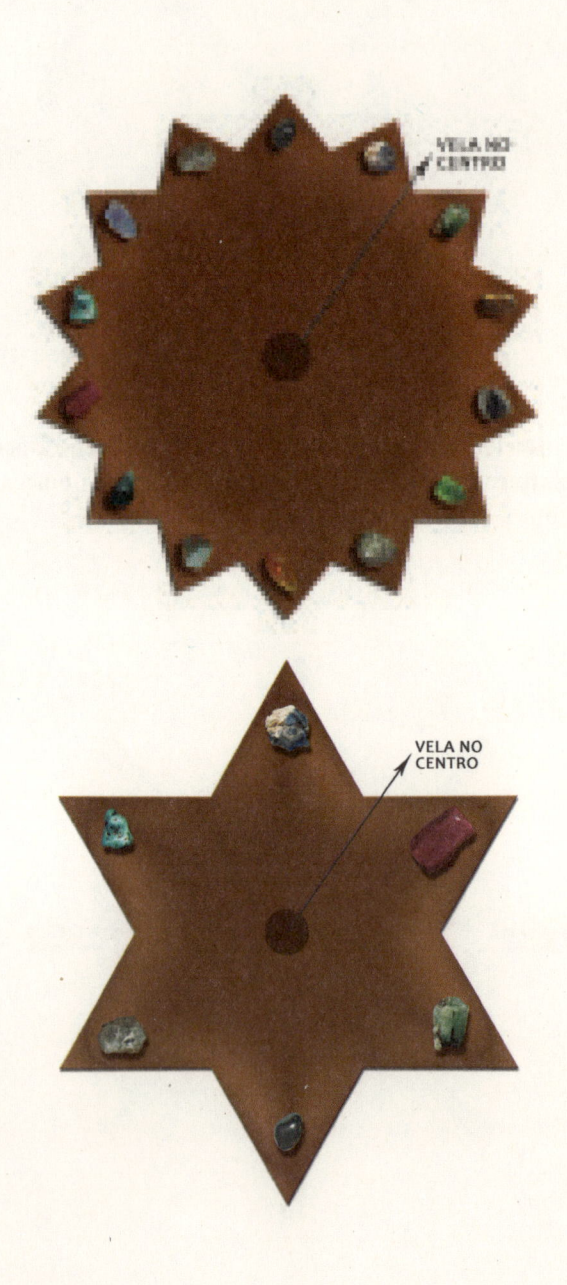

Espaço mágico octagonal é construído com fitas de cobre, com pedras coladas em suas pontas. Já no seu centro, colocamos vela, copo com água ou alguma pedra bruta ou rolada de tamanho médio.

Estrela ou pentagrama, feita de chapa de cobre, de zinco, de ferro, de aço, etc., com pedras coladas nas pontas. Quanto ao centro, deixamos para colocar de acordo com a intuição, outro elemento.

ELEMENTO NO CENTRO

Estrela de David ou hexagrama feito de chapa de cobre, de ferro, de aço, de latão, de zinco, etc. Nas pontas, colocamos pedaços pedras ou de minérios e deixamos o centro para colocar elementos combinantes.

ELEMENTO NO CENTRO

Até aqui, vocês viram alguns tipos de espaços mágicos. Saibam que a criatividade e a intuição de cada um criarão poderosos espaços mágicos minerais, com todos possuindo poderes de realização gerais (comuns a todos) e específicos (inerentes ao elemento(s) usado(s)).

Aos poucos você deve adquirir suas pedras e minérios; assim, com o decorrer do tempo, terá à mão tantos "instrumentos" mágicos minerais que deverá ter um lugar reservado para esse seu "arsenal mágico", certo?

Mãos à obra, digo, aos minerais!

Ativação dos Espaços Mágicos

Todas as pedras e minérios distribuídos em figuras geométricas (triângulo, cruz, pentagrama, etc.) criam no lado espiritual um campo eletromagnético neutro que não interage conosco magisticamente, ainda que ele tenha uma atividade classificada como natural, pois todo campo dessa natureza tanto emite energia positiva quanto absorve energia negativa para o "meio" onde ele se formou.

Mas essa atividade natural não é capaz por si só de interagir magisticamente conosco e influir positivamente sobre nossos campos energéticos (aura) e eletromagnéticos (campos protetores).

Neutros, esses campos são como filtros purificadores do meio ambiente astral. Mas, quando ativados magisticamente, entram numa atividade intensa e começam a interagir com tudo e todos à sua volta e são capazes de interagir com outras dimensões da vida: com reinos naturais, com realidades elementais, etc., criando vórtices poderosíssimos usados pelos magos para realizarem trabalhos de recolhimento de espíritos sofredores, obsessores, vampirizadores; são anuladores de ações mágicas negativas, etc.

Suas ações mágicas dependem da ativação e das determinações ou ordens de trabalhos magísticos.

A Magia Divina das Sete Pedras Sagradas está fundamentada nas divindades Tronos de Deus, às quais comentamos em capítulos anteriores.

Logo, todos os trabalhos mágicos serão realizados em seus campos de ação e atuação na criação, por meio dos minerais.

Os Tronos de Deus atuam por meio de todos os elementos formadores da natureza (fogo, terra, água, ar, mineral, vegetal, cristal e tempo), sendo que nessa magia atuarão por meio de todos os tipos de rochas e de minérios.

Como além dos sete Tronos originais e universais existem suas hierarquias de seres divinos, de seres elementais (dos elementos), de seres naturais (da natureza), de seres espirituais (espíritos), em que alguns são emanadores dos poderes originais e outros são guardiões dos reinos, dos domínios e dos procedimentos, englobamos em nossa invocação todos os regentes e guardiões dos "mistérios minerais" ativados magisticamente por intermédio deles.

Com isso, simplificamos e padronizamos uma invocação ativadora dos poderes realizadores das divindades Tronos de Deus, tornando-os acessíveis a todas as pessoas que queiram ou precisem do auxílio magístico que eles podem e querem nos enviar para auxiliar-nos na solução dos nossos problemas ou dificuldades.

É claro que aqui, num conhecimento aberto colocado ao público, recomendamos que se atenham a vocês, seus familiares e seu lar, beneficiando-se da Magia Divina das Sete Pedras Sagradas.

Para poderem trabalhar para terceiros, é obrigatório fazer o nosso curso iniciatório, ministrado somente por mim, Rubens Saraceni, e pelas pessoas que se iniciaram comigo e que formaram a Egrégora Mágica das Sete Pedras Sagradas.

Eu recebi em 1999 a autorização dos mestres espirituais da Magia Divina para abri-la e iniciar pessoas em seus mistérios.

Saibam que, após o início do ensino dessa magia (e de outras) por nós, começaram a aparecer os "imitadores", servindo-se da nossa magia só porque começaram a ver o trabalho dos magos iniciados nos Mistérios das Sete Pedras Sagradas.

Esses imitadores nada sabiam e não foram iniciados nos mistérios; portanto, não têm outorga para ensinarem a Magia das Pedras e, muito menos, para iniciarem a quem quer que seja, pois não estão fundamentos e não transmitem os poderes realizadores concedidos aos magos iniciados por mim.

Só quem recebeu as imantações divinas dos mistérios sagrados dentro de uma iniciação fundamental no Mistério das Sete Pedras Sagradas pode "iniciar" outras pessoas nessa Magia Divina.

Quanto aos nossos imitadores, paciência, pois o "dia" de eles prestarem conta por usurparem e profanarem uma Magia Divina chegará e aí, nesse dia, responderão por seus oportunismos.

Ativação dos Espaços Mágicos

Se você quiser se iniciar na Magia Divina das Sete Pedras Sagradas, exija a credencial do mago iniciador concedida pelo Colégio Tradição de Magia Divina, fundado justamente para preservar essa e todas as outras magias divinas a mim transmitidas e confiadas pelos meus mestres espirituais.

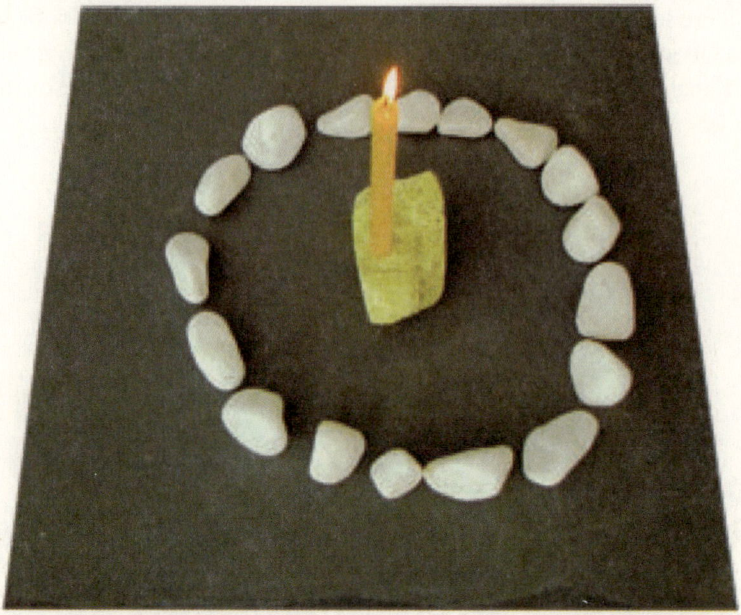

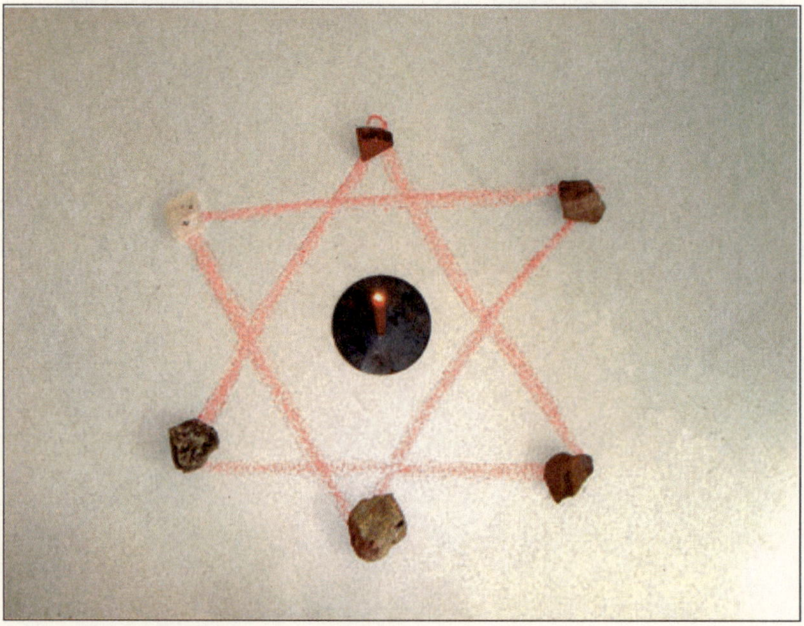

Ativação dos Espaços Mágicos 145

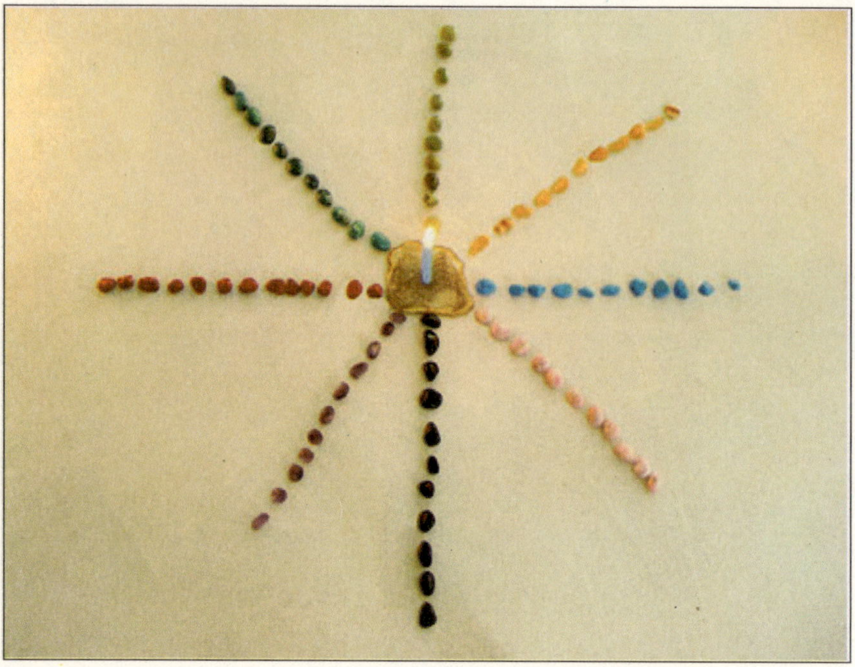

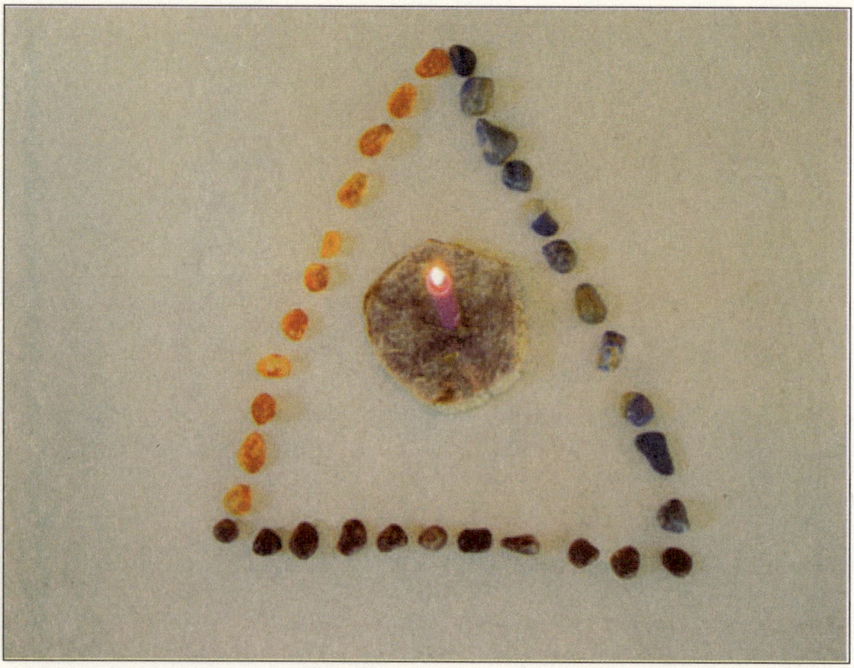

Ativação dos Espaços Mágicos 147

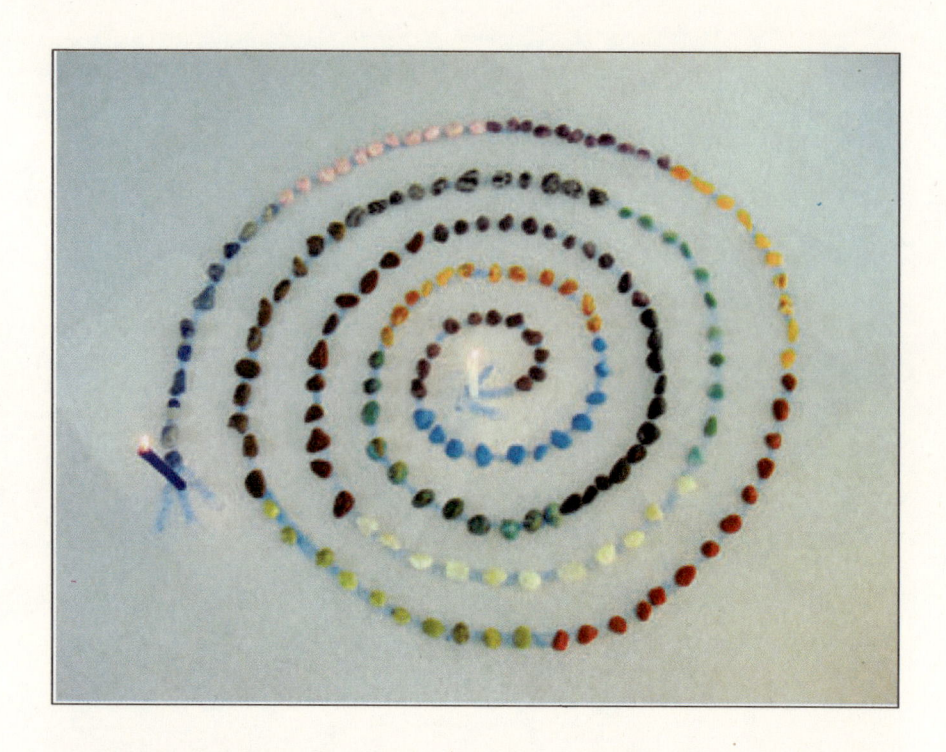

148 A Magia Divina das Sete Pedras Sagradas

Para o seu uso pessoal, agora terão alguns espaços mágicos "minerais".
Bem, aí estão alguns modelos de espaços mágicos usados na Magia Divina das Sete Pedras Sagradas.

Para ativá-los, é simples! Basta fazer esta invocação:

> — Eu invoco Deus, Seus divinos Tronos, Sua Lei Maior e Sua Justiça Divina, os Tronos Regentes e os Tronos Guardiões do Mistério das Sete Pedras Sagradas e peço-lhes que ativem este meu espaço mágico mineral para que eu possa trabalhar com ele em meu benefício. Amém!

Ao fazer essa invocação, a pessoa deverá estar ajoelhada diante do seu espaço mágico, com as palmas das mãos viradas para cima; deverá estar com os olhos fechados e concentrada.

Por isso, é necessário memorizar esta invocação. E assim que dizer "amém!", deverá virar as duas mãos na direção do espaço mágico e irradiar sobre ele através das palmas delas.

Lembre-se: o espaço mágico é seu e não dos Tronos, pois foi você quem o construiu.

Após a invocação ativadora, deverá programar todas as ações que quer que sejam realizadas pelo poder divino por meio do seu espaço mágico.

A programação de um espaço mágico é feita por meio de "determinações mágicas", tais como:

> Deus, divinos Tronos aqui firmados, eu peço-lhes que, caso exista alguma magia negativa feita contra mim, minha casa ou algum dos meus familiares, então que ela seja recolhida integralmente dentro desse meu espaço mágico para que, no vosso poder, ela seja desativada, neutralizada, desarmada, desiniciada, desafirmada, transmutada, positivada, reprogramada e redirecionada, não atuando negativamente mais contra nós ou quem quer que seja. Amém!

> Peço-lhes também que todas as determinações mágicas negativas feitas contra mim ou meus familiares, que elas sejam recolhidas pelas telas vibratórias da Lei Maior e nelas sejam anuladas, deixando de vibrar no éter e desativando todos os mistérios ativados negativamente contra nós. Amém!

> Peço-lhes também que, pelo vosso poder, todos os elementos mágicos vivos, ativos e pensantes ativados e programados negativamente contra nós sejam desativados, positivados, reprogramados e redirecionados, não atuando mais negativamente contra nós e

contra quem mais esteja sendo vítima de suas ações negativas. Amém!

Também há uma determinação mágica anuladora de magias negativas, poderosíssima!

Após pronunciá-la, devem servir-se do poder realizador dos vossos espaços mágicos para estenderem suas ações mágicas a espíritos sofredores, obsessores, vampirizadores, zombeteiros, etc., pronunciando esta determinação mágica:

> Deus, divinos Tronos aqui firmados, peço-lhes que sejam recolhidos dentro desse meu espaço mágico todos os espíritos desequilibrados que tenham sido projetados ou que estejam atuando contra nós e que, dentro dele, todos sejam purificados dos seus negativismos e sejam encaminhados para os seus lugares de merecimento na criação.

Também poderão acrescentar essa outra determinação mágica:

> Deus, divinos Tronos aqui firmados, peço-lhes através do vosso poder divino que eu, meu lar e meus familiares sejamos livrados de todas as projeções de energias e imantações negativas espirituais, mentais, elementais e elementares, e que os nossos espíritos sejam descarregados, curados, regenerados, reordenados, reequilibrados e integralmente positivados.
>
> Peço-lhes também que essa vossa ação divina estenda-se para todas as nossas forças pessoais, espirituais, naturais e divinas e para todos os nossos guias espirituais e espíritos protetores. Amém!

Mas você ainda poderá acrescentar muitas outras ordens de trabalhos mágicos ou "determinações", tais como:

> Deus, divinos Tronos aqui firmados, eu peço-lhes também que:
>
> Caso tenham feito alguma magia negativa para virar ou inverter minhas forças espirituais, naturais e divinas, meu anjo da guarda; meu espírito, meus sete símbolos sagrados, meus guias espirituais, meus protetores, meu mentor espiritual, meus espíritos familiares, meus caminhos, meus campos, minhas portas e passagens, então que, pelo vosso poder, tudo e todos sejamos desvirados, reordenados, reequilibrados, positivados e devolvidos às nossas posições naturais perante Deus e a vida. Amém!
>
> Caso tenham feito trabalhos de magia negativa usando o nosso nome, nossa fotografia, nosso endereço, fotografia de nossa casa ou qualquer outra coisa relacionada ou ligada a mim, meus

familiares e meu lar, então que vossas vibrações divinas projetem-se para o local onde foram feitos esses trabalhos, envolva-os completamente, desimante-os, neutralize-os, positive-os e depois consumam os seus lados etéricos para que não sirvam mais de elos conosco. Amém!

As determinações mágicas assemelham-se a rezas e as orações. Por isso, devem ser objetivas e precisas.

Desde que tenha sido construído um espaço mágico, e você o tenha ativado como aqui foi ensinado, não há limite para as ações que ele poderá realizar.

Portanto, você poderá desencadear uma ou muitas ações mágicas, bastando programá-las com suas determinações mágicas, que deverão começar assim:

Deus, divinos Tronos aqui firmados, eu peço-lhes que:...

Recomendamos que seja feita uma lista com todas as necessidades, antes de criarem seus espaços mágicos para, aí sim, construí-lo, ativá-lo e programá-lo, trabalhando todas elas ao mesmo tempo.

Às vezes, os trabalhos que estão sendo realizados demandam mais tempo e precisam ser realizados através das sete irradiações divinas planetárias e multidimensionais.

Então, para esses casos, recomendamos que coloquem no centro do espaço mágico uma vela de sete dias (ao lado do elemento central ou substituindo-o) na cor que lhes for intuída.

Devem prestar atenção à vossa intuição porque tanto Deus quanto suas divindades e nossos protetores espirituais, naturais e divinos falam-nos por intermédio dela, intuindo-nos sobre o melhor a ser feito por nós aqui no lado material da criação para que, por meio dos nossos espaços mágicos, melhor eles possam ajudar-nos.

Os nossos limites e nossos limitadores estão em nós, nunca em Deus e suas divindades. Dependerá de cada um o desencadeamento de ações mágicas abrangentes e poderosíssimas.

Lembre-se também de você, dos seus sentimentos, dos seus negativismos íntimos, dos seus desejos não realizados, das suas frustrações, das suas mágoas, dos seus ódios ao próximo, da sua vaidade, da sua impaciência e intolerância, da sua inveja, da sua soberbia, das suas fraquezas, da sua insegurança, dos seus medos, dos remorsos, da sua insensibilidade com o sofrimento alheio, dos seus vícios conscienciais, das suas falhas e erros, dos seus pecados e da sua falta de humildade perante Deus, que "programou" todos os seus poderes divinos, todos os meios e todos os seres com a reatividade a tudo e todos que infringirem seus desígnios, para que vivamos em paz, harmonia e equilíbrio e evoluamos sempre com ele em nosso íntimo, guiando-nos na senda luminosa reservada para cada um e para todos nós.

A bondade, o amor, a compaixão, o respeito, a misericórdia, a paciência, a humildade, a resignação, a tolerância, a esperança e a perseverança são virtudes indispensáveis à conquista da paz, da harmonia e do equilíbrio interior.

Essas virtudes são indispensáveis à nossa verdadeira evolução e realizam em nosso íntimo a maior e a mais poderosa das magias: a de ter Deus em nosso íntimo, em nosso pensamento, em nossas palavras e em nossas ações... em tudo, enfim!

Conclusão

Este livro foi feito com o único propósito de "abrir" para todos a Divina e Sagrada Magia das Sete Pedras fundamentais da criação de Deus.

Aqui só foram colocados conhecimentos e informações que não quebram a lei do silêncio sobre os mistérios da criação, para não profanarmos o sagrado.

Tudo o que aqui ensinamos é classificado pelos mestres espirituais como "Magia Aberta" e acessível a todos, independentemente de suas formações religiosas.

Há muitos conhecimentos fechados ou velados pela lei do silêncio na Magia Divina das Sete Pedras Sagradas, que só são revelados aos que se iniciam conosco e com os magos credenciados pelo Colégio Tradição de Magia Divina, criado justamente para regular e regulamentar o ensino das Magias Divinas iniciadas por nós, que até a 1ª edição deste livro, já são estas:

- Magia Divina das Sete Chamas Sagradas
- Magia Divina das Sete Pedras Sagradas
- Magia Divina das Sete Ervas Sagradas
- Magia Divina das Sete Conchas Sagradas

- Magia Divina dos Sete Raios Sagrados
- Magia Divina dos Sete Mantos Sagrados
- Magia Divina das Sete Cruzes Sagradas
- Magia Divina das Sete Espadas Sagradas
- Magia Divina dos Sete Elementos Sagrados
- Magia Divina das Sete Luzes Sagradas
- Magia Divina das Sete Cores Sagradas
- Magia Divina dos Sete Anjos de Deus
- Magia Divina dos Sete Gênios de Deus
- Magia Divina das Sete Águas Sagradas
- Magia Divina do Orixá Exu
- Magia Divina dos Sete Eixos Magnéticos Sagrados, Sustentadores da Criação.

Elas não foram abertas nessa ordem, mas cada uma trabalha magisticamente com mistérios divinos responsáveis por aspectos da criação divina, em que são sustentadores dos meios e da evolução dos seres, das criaturas e das espécies.

Cada uma dessas magias e práticas iniciadas por nós aqui no plano material trouxe-nos conhecimentos novos sobre Deus e suas divindades, assim como nos abriu novas formas de abordagem de mistérios, tão antigos quanto a própria criação divina, iniciada com eles e realizada por meio deles.

Cada uma dessas magias (e as outras que ainda serão abertas) nos forneceu poderosos recursos divinos e formas práticas de ativá-los em benefício dos necessitados antes inimaginados.

Não importava o que cada mago iniciado na Magia Divina já tivesse aprendido antes, porque no decorrer dos cursos era surpreendido, tanto pelo que lhe era revelado quanto pela simplicidade e beleza das iniciações e das formas de se trabalhar com cada uma, todas centradas em Deus, nos seus mistérios divinos e em nós, seus filhos e beneficiários de suas ações divinas.

Quanto à Magia Divina das Sete Pedras Sagradas, ela nos ensinou que não são sete pedras, e sim, sete mistérios responsáveis pelas formas de crescimento dos minerais e, por analogia com o Setenário Sagrado, eram simbolizadoras das sete vias evolutivas colocadas à nossa disposição pelo nosso Divino Criador, que é Deus.

Que ele, o nosso Divino Criador, abençoe a todos!

Rubens Saraceni

Leitura Recomendada

O Cavaleiro da Estrela Guia
A Saga Completa

Neste livro, é narrada a saga completa de Simas de Almoeda, ou o Cavaleiro da Estrela Guia, homem perseguido por uma terrível história e por um implacável sentimento de culpa, apesar de suas ações e realizações maravilhosas. Vários ensinamentos a respeito da realidade do "outro lado da vida" são revelados, dando ao leitor a exata dimensão dos atos humanos, colocando-o diante de situações que expressam os conflitos do homem do novo milênio, tais como religião, fé, riqueza, poder, alma.

Guardião da Meia-Noite, O
Por Honra e Glória do Criador de Tudo e de Todos

O Guardião da Meia-Noite é um livro de ensinamentos éticos, envolvendo os tabus da morte e dos erros vistos sob uma nova ótica. Nova porque somente agora está sendo quebrada a resistência da ciência oficial, mas que é, realmente, muito antiga, anterior aos dogmas que insistem em explicar tudo pela razão extraída nos laboratórios.

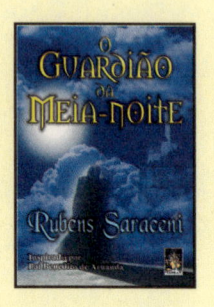

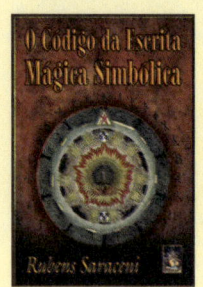

Código da Escrita Mágica Simbólica, O

O Código da Escrita Mágica Simbólica é mais uma obra do Mestre Mago Iniciador Rubens Saraceni, que traz ao leitor uma fonte de estudos e práticas da Magia Divina, a qual está em afinidade com a Vida, a Lei Maior e a Justiça Divina. Tendo em vista o seu caráter Divino e sustentador da vida e dos seus meios de fluir, A Magia Divina é um refreador poderoso de todas as formas de "Magia Negativa". Essa Arte se adapta a todas as práticas espiritualísticas, terapêuticas ou holísticas.

As Sete Linhas de Umbanda
A Religião dos Mistérios

As Sete Linhas de Umbanda permite ao leitor conhecer as minúcias dos mistérios dos sagrados Orixás. Por meio das revelações dos Mestres da Luz, Rubens Saraceni traz em uma linguagem clara e objetiva uma abordagem inovadora a respeito das linhas que atuam no Ritual de Umbanda Sagrada.

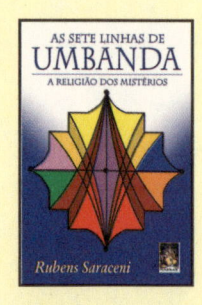

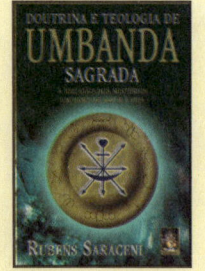

Doutrina e Teologia de Umbanda Sagrada
A Religião dos Mistérios — Um Hino de Amor à Vida

Esta obra desempenha a função de um manual que traz um verdadeiro curso para os umbandistas e simpatizantes da Umbanda. Tem por objetivo despertar os umbandistas para que desenvolvam uma consciência religiosa verdadeiramente de Umbanda e totalmente calcada em conceitos próprios.

Leitura Recomendada

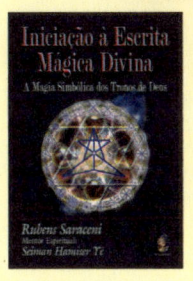

INICIAÇÃO À ESCRITA MÁGICA DIVINA
A Magia Simbólica dos Tronos de Deus

Esta obra traz um assunto inédito no campo da magia. Trata-se do mistério das ondas vibratórias transportadoras de energias divinas, cujos "modelos" geram símbolos, signos e mandalas. Nenhum outro livro de magia riscada simbólica mostra algo sobre elas já que era assunto fechado do astral superior e totalmente desconhecido por todos os que usavam a magia riscada.

ORIXÁS
Teogonia de Umbanda

Em *Orixás – Teogonia de Umbanda*, você encontra comentários excelentes sobre divindades como Logum Edé e Ewá, e de como a ciência dos orixás os explica cientificamente, entre outros deuses.

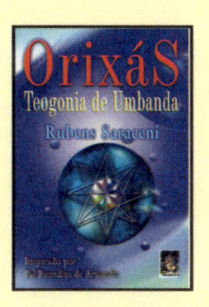

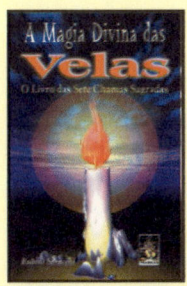

MAGIA DIVINA DAS VELAS, A
O Livro das Sete Chamas Sagradas

Neste livro, você aprenderá: ativar velas de várias cores para resolver problemas; desmanchar magia negra; ativar a Justiça, a Lei e a Cura Divina com folhas de arruda e vela branca; firmar velas de várias formas; realizar magias para curar, anular negativismo, afastar inimigo encarnado ou obsessor espiritual, descarregar energias negativas da casa, limpeza energética de casas ou locais de trabalho, entre outras.

MAGIA DIVINA DOS ELEMENTAIS, A

Encontramos aqui a sutil diferença entre os seres Elementais e os Elementares, os quais, se corretamente evocados e direcionados, podem nos auxiliar na solução ou diluição de problemas espirituais e materiais. O autor nos revela esses mistérios da criação divina e as maneiras como podemos utilizá-los para suprir a falta de energias elementares em nosso corpo etérico, causada pelo vampirismo energético e pela Magia Negra.

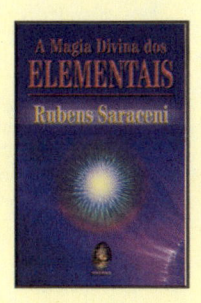

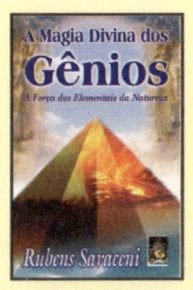

MAGIA DIVINA DOS GÊNIOS, A
A Força dos Elementais da Natureza

Em *A Magia Divina dos Gênios* você verá a revelação dos mistérios desses seres da natureza e começará a ter contato com alguns procedimentos magísticos para evocar os gênios e favorecer-se do seu imenso poder. Aprenda com essa leitura a trabalhar com as forças sutis da natureza e a beneficiar-se com magias simples e fáceis de serem feitas.

Leitura Recomendada

GUARDIÃO DA PEDRA DE FOGO, O
As Esferas Positivas e Negativas

O que ocorre após o fenômeno chamado "morte"? Para onde vai o espírito que habita cada corpo? Ao passar para o outro lado da vida é possível que o espírito humano possa ir para esferas elevadas (céu), para campos negativos (umbral) ou para o meio, ou seja, uma faixa vibratória que dá acesso ao céu, ao umbral e à Terra. Esse foi o caso de Celsus, um dedicado médium umbandista.

GUARDIÃO DA SÉTIMA PASSAGEM, O
A Porteira Luminosa

Nesta história vemos os desajustes e desequilíbrios vividos pelos seres humanos aqui na Terra, entre eles o da sexualidade, o sétimo sentido da vida, pois, desde Adão e Eva, aprendemos que sexo é pecado. Ocorre, porém, que esses sentimentos reprimidos prosseguem após o desencarne.
A obra mosta que existem regiões espirituais repletas de espíritos femininos e masculinos atormentados, todos vítimas inconscientes da ignorância a respeito da própria sexualidade.

LENDAS DA CRIAÇÃO
A Saga dos Orixás

Lendas da Criação — A Saga dos Orixás é um ensaio literário desenvolvido a partir de toda a mitologia descritiva dos Orixás nigerianos colocada à nossa disposição por meio da transmissão oral. A partir das lendas contadas neste trabalho inédito, será possível o resgate da prática da originalidade do culto aos Orixás, do tempo em que havia uma pureza muito grande nos sentimentos dos filhos para com seus Orixás pais e mães, a ponto de se sentirem parte integrante de seu Orixá, formando dois lados ou partes de uma mesma coisa.

LONGA CAPA NEGRA, A

Idade Média, ano de 1140. Época em que uma série de problemas sociais afligia os reinos europeus, entre eles, a política praticada pela nobreza e pelo clero romano-católico. Esse caos era manipulado pela Igreja, que incitava uns contra os outros no intuito de mantê-los frágeis e dependentes, permanecendo, assim, sob o seu controle político. À plebe, restava a dor, a miséria, o pranto e a tentativa de sobreviver em meio ao inferno causado por interesses diversos.

DIÁLOGO COM UM EXECUTOR

Diálogo com um Executor traz um diálogo aberto entre o autor espiritual, Mávio Ventura, e o médium Rubens Saraceni, que mostra um quadro geral de como se desenrolou a queda do espírito Mário, seu suplício e seu resgate no mundo dos espíritos.

MADRAS Editora® — CADASTRO/MALA DIRETA

Envie este cadastro preenchido e passará a receber informações dos nossos lançamentos, nas áreas que determinar.

Nome _____
RG _____ CPF _____
Endereço Residencial _____
Bairro _____ Cidade _____ Estado ____
CEP _____ Fone _____
E-mail _____
Sexo ❏ Fem. ❏ Masc.   Nascimento _____
Profissão _____ Escolaridade (Nível/Curso) _____

Você compra livros:
❏ livrarias   ❏ feiras   ❏ telefone   ❏ Sedex livro (reembolso postal mais rápido)
❏ outros: _____

Quais os tipos de literatura que você lê:
❏ Jurídicos   ❏ Pedagogia   ❏ Business   ❏ Romances/espíritas
❏ Esoterismo   ❏ Psicologia   ❏ Saúde   ❏ Espíritas/doutrinas
❏ Bruxaria   ❏ Autoajuda   ❏ Maçonaria ❏ Outros:

Qual a sua opinião a respeito desta obra? _____
_____

Indique amigos que gostariam de receber MALA DIRETA:
Nome _____
Endereço Residencial _____
Bairro _____ Cidade _____ CEP _____

Nome do livro adquirido: ***A Magia Divina das Sete Pedras Sagradas***

Para receber catálogos, lista de preços e outras informações, escreva para:

MADRAS EDITORA LTDA.
Rua Paulo Gonçalves, 88 – Santana – 02403-020 – São Paulo/SP
Tel.: (11) 2281-5555 – (11) 98128-7754
www.madras.com.br

MADRAS® Editora

Para mais informações sobre a Madras Editora,
sua história no mercado editorial
e seu catálogo de títulos publicados:

Entre e cadastre-se no site:

www.madras.com.br

Para mensagens, parcerias, sugestões e dúvidas, mande-nos um e-mail:

marketing@madras.com.br

SAIBA MAIS

Saiba mais sobre nossos lançamentos,
autores e eventos seguindo-nos no facebook e twitter:

@madrased

/madraseditora